黎民恨

汉朝衰亡录

公孙策 著

海南出版社
HAINAN PUBLISHING HOUSE

黎民恨：汉朝衰亡录（原名《黎民恨：王莽篡汉到光武中兴的人心离变》）
公孙策 著
中文简体字版 © 2016 年由海南出版社有限公司发行
本书经城邦文化事业股份有限公司【商周出版】授权，同意经由海南出版社有限公司出版社有限公司，出版中文简体字版本。非经书面同意，不得以任何形式任意重制、转载

版权合同登记号：图字：30-2014-138 号
图书在版编目（CIP）数据
黎民恨：汉朝衰亡录 / 公孙策著 . -- 海口：海南出版社，2016.4
ISBN 978-7-5443-6550-5
Ⅰ．①黎… Ⅱ．①公… Ⅲ．①中国历史－西汉时代－通俗读物 Ⅳ．① K234.109
中国版本图书馆 CIP 数据核字 (2016) 第 046732 号

黎民恨：汉朝衰亡录

作　　者：公孙策
监　　制：冉子健
责任编辑：李　鹏
执行编辑：王叵咄
装帧设计：黎花莉
封底字型设计：许晋维
责任印制：杨　程
印刷装订：三河市祥达印刷包装有限公司
读者服务：蔡爱霞
海南出版社　出版发行
地址：海口市金盘开发区建设三横路 2 号
邮编：570216
电话：0898-66830929
E-mail：hnbook@263.net
经销：全国新华书店经销
出版日期：2016 年 4 月第 1 版　2016 年 4 月第 1 次印刷
开　　本：787mm × 1092mm　1/16
印　　张：16.25
字　　数：188 千
书　　号：ISBN 978-7-5443-6550-5
定　　价：38.00 元

总序

三十本经典，一千个故事

经典之所以为经典，因为它的价值历久不衰。例如我们对经典老歌，总能哼上几句；对经典名句（如“多行不义必自毙”等）也能朗朗上口。可是一听到“四书五经”“经史子集”，大多数人都会敬而远之。

原因之一，是我们对经典的整理工作，做得太少了。宋朝朱熹注解《四书》，就是一种整理工作，也的确让《四书》普及于当时的一般人。清朝蘅塘退士辑《唐诗三百首》、吴氏兄弟辑《古文观止》，也都是着眼于“经典普及化”的整理工作。然而，清朝覆灭，却未见值得称道的经典整理作品。

另一个原因，是考试成了教育的唯一目的。于是，凡考试不考的，学生当然就不读。这不能怪学生，也不能怿老师，事实上大家都为了考试心无旁骛。而那些对经典充满使命感的大人们，只好规定一些必考的经典。其结果是，学生为了考试，读了、背了，考完就忘了，而且从此痛恨读经典，视经典为洪水猛兽或深仇大恨——经典反成了学生心目中的“全民公敌”！

城邦出版集团执行长何飞鹏兄对中国经典有他的使命感，城邦也出版了很多“经典整理”的书籍，如：《中文经典100句》《经典一日通》等系列。飞鹏兄建议我“以三十本经典为范畴，写至少一千个故事”，取材标准则是“好听的故事、经典的故事、有用的故事”。

为此，我发愿以四年时间，写完一千个故事，每天一则，在城邦集团的“POPO原创”网站发表，这项任务在二〇一四年间完成。然而，网络博文虽然会停止，我仍然继续写故事，希望这个“说历史故事”系列可以一直写下去。

简单说，这一个系列尝试以“说故事”的形式，将经典整理成能够普及大众的版本。不是“概论”，也不是“译本”，而是故事书。然为传承经典，加入“原典再现”，让读者又不仅仅是看故事书而已。

公孙策

二〇一一年秋

二〇一五年冬修订

目录

第一部　帝国盛衰

天下的兴亡必有因果。刘邦死后，皇后垂帘听政，眼看汉地四分五裂，“非刘不王”的白马之盟也岌岌可危。在文景之治短暂的繁荣过后，人民只过了一阵好日子，又因朝廷政变，不得安宁。皇后和权臣轮番和皇帝争权，最终刘氏大业还是落到了一个外姓手上。

第二部　王莽篡汉

赵翼在《二十二史札记》中说道："若莽者，其诈也，愚而已矣。"认为王莽的奸诈不过是愚钝。他不用任何武力便和平上位，瞄的是百姓"怨汉"的心理。这位迷信又崇尚复古的"新帝"，虽然自比周公，但只是个山寨货罢了。而刘氏在起兵重回巅峰的过程中，家族内部也掀起一阵血雨腥风。

第三部　光武中兴

天下大乱，人民渴望出现英明的君主，犹如婴儿渴望慈母一般。古时候凡是在乱世中兴起的王朝，都是凭借君主的德行深厚，不在于他的地盘大小。人民从“怨汉”到“思汉”，从“思汉”到“思莽”，究竟经历了什么？然而刘秀的方式，却不能保证帝国的永续。

导读

此恨绵绵无绝期

恨，是一种复杂的情绪，相对于“喜、怒、哀、乐”的单纯。

本书表达的恨，可以用白居易《长恨歌》来说明：老百姓对皇帝的感觉，从“汉皇重色思倾国”的略有微词；到“从此君王不早朝”的颇有微词；到“遂令天下父母心，不重生男重生女”的羡慕与遗憾交织；到“千乘万骑西南行”（被君王抛弃）的怨；到“六军不发”的仇恨……以上都是“恨”。而在国家几乎灭亡，人民生灵涂炭之时，君王“夜雨闻铃肠断声”不是为黎民；君王劫后回京，叹的是“黎园弟子白发新，椒房阿监青娥老”，仍未思及黎民！白居易最末一句“此恨绵绵无绝期”，说是唐玄宗对杨贵妃的心情，但又何尝不是老百姓对皇帝的心情？

本书尝试以王莽篡汉前后的历史故事，诠释老百姓对统治者的复杂心情。

事实上，王莽篡汉是中国历史上一个很特别的案例，一个超级帝国就这么“和平转移政权”，由姓刘的交给姓王的，非但不动一兵一卒，甚至万人称颂拥戴，原因无他，人心怨汉而已。但是王莽却又在很短时间内崩溃，因为“人心思汉”。

史学家赵翼说，人心思汉是王莽自己造成的，这话对；可是他却没说，王莽篡汉是刘姓皇族自己造成的。赵翼又说，王莽虽诈，最终失败是因为“愚而已矣”，这话也对；可是他没说，大汉帝国搞垮的原因，是连续几个皇帝“昏而已矣”！

大汉帝国如何由盛而衰？王莽又如何由王圣人变成王八蛋？要看懂这一段历史，得掌握四个关键词：

太后：自汉高祖刘邦逝世的那一刻开始，太后就一直有着很大的政治影响力。之后的西汉帝国，可以说，太后好，朝政就好，太后的作风，直接反映在朝政上。中间只有汉宣帝刘病已时代没有太后，大汉子民乃有“宣帝中兴”的好时光。

匈奴：汉帝国与匈奴的实力消长，决定了两国的外交与军事关系。而王莽的败笔之一，就是在匈奴国力衰微之刻，没事生事，惹翻匈奴，最终外患加重了内忧。

谷价：汉朝的兴盛是靠着“文景之治”，加上汉武帝的经济改革大成功，国家富强。到了汉宣帝时，“谷石五钱”，人民生活富足到达顶峰。可是后来昏君辈出，外戚争权，到了汉元帝时，“京师谷石二百余，边郡四百，关东五百，四方饥馑”，这是王莽得以“受汉禅让”的充分条件之一。可是王莽的失败改革，造成“黄金一斤，易粟二斛”的局面，于是人心思汉。

更始：老百姓日子难过，只好期待“变天”——皇帝是天子，只有天比皇帝大，而野心家乃得以利用这种民心思变，攫取政权。更始，就是“重新开始”，王莽政权设“更始将军”，绿林军也有“更始将军”，绿林的更始将军甚至成了更始皇帝。可是那一段过程中，所有的“更始”都令老百姓反而思念前一个统治者！直到光武帝刘秀统一天下，“诏复五铢钱，与民更始”。五铢钱是汉武帝开始发行，刘秀的“更始”，其实是“回到从前”！这二十年间的几番“更始”，全国人口减少了一千余万，千万冤魂只造就了一批内战英雄——其实大多数称不上英雄。

本书基本上讲的是西汉盛衰兴亡的故事，只是作者对这一段历史中，政权在皇帝、太后、外戚、权臣、军阀之间流转，老百姓由认命到逃避、到反抗的心理转变，特别加以强调。

这一段历史又有两个特点应予掌握：

抗莽革命是中国历史上第一次人民起义。以前的“汤武革命”，是部落政治时代的诸酋争霸；而抗秦革命，则依托于封建时代的诸侯余绪（例如“楚虽三户，亡秦必楚”），此其一。

由于抗莽革命是人民起义，因此出现“不惟君择臣，臣亦择君”的观念。过去战国游士是争取诸侯君王赏识，楚汉相争时亦然，都是“君择臣”。可是本书中英雄人物如冯异、耿弇，都不是投靠刘秀，而是“慧眼识英主”，刘秀靠他们才创造局面。而马援更游走于三位“天子候选人”之间，最终选择了刘秀，此其二。

反而，刘秀最终统一天下，使得“人心思汉”被证明成立，却成为后世改朝换代时的“愚忠”理论基础，形成政权转移的“进化障碍”，令人不无“遗恨”！

楔子

王莽篡汉有两块“模版”与两个充分条件，直接或间接地为王莽排除了障碍。

模版一：尧舜禅让

中国的儒家两千多年来“言必称尧舜”，尧舜为什么成为贤君的代称？

秦始皇统一天下，功业空前。有一次他问群臣：“我已经超过五帝的功绩，谁可以接替我治天下？”有一位名叫鲍白令之的官员回答说：“尧舜禅让天下，不是陛下做得到的。”

原来如此，儒家称许尧舜是由于尧舜肯让位给贤人，而不传位给自己的儿子。

可是，事实真是那样吗？

杂家经典《吕氏春秋》对尧让位给舜有着不同于儒家的记载：

尧以天下禅让给舜，鲧对尧表示不满：“让舜当天子，至少也该让我当三公啊！”于是激怒他养的猛兽，发动叛乱。舜召见他，他抗命不去，在原野上呼啸来去，造成祸患，于是舜便在羽山将鲧诛杀。鲧的儿子禹不敢怨恨舜，反而恭顺侍奉，治理水患不辞辛劳，面孔晒得黧黑，累得举步维艰，以此取悦舜之心。

再看另一本神话经典《山海经》，综合《国语》《竹书纪年》等史书或半史半神话，描绘出一个完整故事：

帝尧起初派共工治水，共工推倒高山堵水，却因而堵塞了河流，使得洪水横流，泛滥于天下，但尧并没杀他，再派鲧收拾烂摊子。鲧偷了天帝的息壤，阻绝洪水，让老百姓得免于水患，但因洪水仍然四处横溢，舜便以此为由杀了鲧。

所以，合理的怀疑是：尧的女婿舜斗赢了尧的儿子丹朱，诛杀了对人民有功劳但桀骜不驯的政敌鲧。至于舜传位给禹，则是形势比人强，禹为人民立下了大功劳，而赢回了政权。

如果以上故事比儒家写的史书更接近事实，那么“禅让”就只是权力斗争的美丽包装而已。王莽篡汉以及后世历次篡夺政权，都以禅让为名，反而接近事实。

【原典再现】

洪水滔天，鲧窃帝[①]之息壤[②]以堙[③]洪水，不待帝命。帝令祝融杀鲧于羽郊。鲧复生禹，帝乃命禹卒[④]布土[⑤]以定九州岛。

——《山海经·海内经》

---

① 帝：天帝。
② 息壤：传说中能生长不已的土壤。
③ 堙：音“因”，填堵、埋阻。
④ 卒：遂行。
⑤ 布：划定，整理。布土：指大禹导九川注回海，重新布整国土。

模版二：周公佐成王

周武王破纣灭商之后两年，天下尚未安定，周武王却病倒了。姜太公和召公提议去文王庙求卜问吉凶，周公说："这件事不应该让先王忧心。"

于是设立三座神坛，向周国三位祖先祈祷，表示愿意以自己的身体代替武王的身体（承受死亡）。然后，才去三座祖庙求卜，卜者都说"吉"。周公将祝祷文封进金匮中，并告诫看守的人不许妄言。第二天，武王的病就好了。

后来，周武王去世，周成王年幼，尚在襁褓之中。周公乃践天子之位，代成王摄政，处理国事。

武王的弟弟、周公的哥哥管叔与其他兄弟到处放话："周公将对成王不利。"

周公对姜太公与召公说："我之所以不避嫌疑以行摄政，是担心天下诸侯叛变，无以向三王交代，为了周朝大业，我才这么做。"于是不顾流言，辅佐成王。一直到成王长大，能够临朝听政了，周公才交还大政。成王临朝，周公北向就臣子之位，态度恭谨。

周公摄政时期，成王有一次生病，周公剪下自己的指甲，丢到河里，向神明祝祷："君王年少，不懂事，干犯神明的是我，姬旦。"同样将祝祷文藏进内府。

成王当政后，有人密告周公，周公逃到楚地。成王打开内府密室，看见周公当年的祝祷文，感动流涕，将周公迎回朝廷。

周公去世，忽然天降暴风雷雨，麦禾仆倒，大树也被连根拔起，人心震恐。成王与大夫们穿上朝服，开启金匮，看到周公愿以

【原典再现】

武王有疾，不豫，群臣惧，太公、召公乃缪[①]卜。周公曰："未可以戚[②]我先王。"……周公已令史[③]策告[④]太王、王季、文王，欲代武王发。……周公藏其策金縢匮[⑤]中，戒守者勿敢言。明日，武王有瘳[⑥]。

……

初，成王少时，病，周公乃自揃[⑦]其蚤[⑧]，沉之河，以祝于神曰："王少未有识，奸神命者乃旦也。"亦藏其策于府。

……

周公卒后，秋未获，暴风雷，禾尽偃，大木尽拔，周国大恐。成王与大夫朝服以开金縢书……成王执书以泣，曰："自今后，其无缪卜乎，昔周公勤劳王家，惟予幼人弗及知。今天动威以彰周公之德，惟朕小子其迎，我国家礼亦宜之。"王出郊[⑨]，天乃雨，反风，禾书起。

——《史记·鲁周公世家》

---

① 缪：音义皆同"谋"。
② 戚：忧心。
③ 史：负责占卜的官。
④ 策：简册，古时文书刻在竹简上，串成册。策告：以文书祝祷。
⑤ 縢：音"腾"，封闭。匮：同"柜"。金縢匮：镕金以封柜。
⑥ 瘳：音"抽"，病愈。
⑦ 揃：音义皆同"翦"。
⑧ 蚤：音"早"，指甲。
⑨ 郊：行郊祭。

自身代替武王的祝祷文。问负责看守的史官，证实其事。成王手持简书，流着泪说："不必再为风雷占卜了。周公过去的忠诚与勤劳，我年幼无知，如今上天以风雷开示，我应该以最高礼仪祭祀他。"

祭典完成，天即"降雨反风"，倒下的麦禾重新挺立，成王下令扶植吹倒的大树。

这段历史近乎神话，却被为王莽大加发扬，他攫取权力过程，几乎都在模仿周公佐成王的动作，以此欺骗天下。

条件一：始皇帝死而地分

秦王政削平六国，统一天下，自认为功过三皇、德配五帝，于是给自己加尊号"皇帝"。而且自己是始皇帝，儿子依次称二世、三世，至于万世，传之无穷。

为了确保自己建立的帝国能够传之无穷，秦始皇将天下兵器收集到咸阳，销熔后，铸为十二座超大金人，各重二、三十万斤。再将天下豪富十二万户迁徙到咸阳，将这些有钱人与好勇斗狠分子集中看管。心想，这样就不会再有人造反了——这是秦始皇的帝国永续公式。

秦始皇是一位伟大的皇帝，他的确为一个统一帝国规范了很多很好的制度，例如统一文字、车轨（轮轴间距）与度量衡等。可是他太急了，法律更是严苛，人民苦于苛政、苛税、苛法，却敢怒不敢言。

直到有一年，一颗陨石坠落在东郡（今山东、河南交界一带），当地老百姓在上头刻字"始皇帝死而地分"。

秦始皇派司法官员去查这件事，没有人承认，于是将陨石坠落地点附近的老百姓全部杀光，并且销毁陨石。

同一年秋天，有使者在华阴道上，遇到一个人，手拿一块璧玉交给使者，说："帮我交给滈池君。"又说："祖龙今年死亡。"

使者将璧玉带回咸阳报告，秦始皇默然不语许久，然后说："山神他只知道一年的事情。"意思是"他说了超过他法力的事情，所以不准"。

秦始皇再让管皇宫库房的官员鉴定那块璧玉，赫然是八年前巡行天下时，途中遇到风雨，抛下江中祭神的那一块璧玉。

【原典再现】

三十六年，荧惑[1]守心[2]。有坠星下东郡，至地为石，黔首或刻其石曰"始皇帝死而地分"。始皇闻之，遣御史逐问，莫服[3]，尽取石旁居人诛之，因燔[4]销其石。

……

秋，使者从关东夜过华阴平舒道，有人持璧遮使者曰："为吾遗滈池君。"因言曰："今年祖龙死。"使者问其故，因忽不见，置其璧去。

使者奉璧具以闻。始皇默然良久，曰："山鬼[5]固不过知一岁事也。"

使御府视璧，乃二十八年行渡江所沉璧也。

——《史记·秦始皇本纪》

---

① 荧惑：火星。
② 心：心宿，二十八宿之一。守心：（火星）停留在心宿。
③ 服：认罪。
④ 燔：音"凡"，焚烧。
⑤ 山鬼：山神，古人神、鬼通用。

龙，是天子的象征。祖龙，当然是指秦始皇。

滈池君呢？周武王伐纣灭商后，定都镐京，所以滈池君是指周武王。将秦始皇祭江神的璧玉交给滈池君，又说“祖龙今年死”，指的是始皇将死，而天下将发生革命，政权将归于新的真命天子。

老百姓对秦朝苛政怨恨不敢言，于是在陨石上刻字宣泄。可是秦始皇不怕民怨，只怕天象，杀了百姓、烧了陨石，仍闷闷不乐，派人占卜，卦象说“游徙吉”。于是迁徙北边三万户人家到咸阳，自己则再次巡行天下——有游、有徙，认为应了卦象就可以化解灾厄。可是，秦始皇却在那一次出巡途中死亡。

自秦始皇以降，历代皇帝大致都信鬼神、占巫或图谶（神秘预言）。事实上，中国古代的政治，说是以儒家为主流，但儒家只管得了地上，阴阳家却管得了天上和地下。甚至今日的民主政治，政治人物仍不乏迷信算命、风水者。

秦始皇只介意天象、卦象，而不顾民怨，于是人心希望回到战国；王莽是一位操弄“神迹”的高手，以之攫取权力，可是他也只介意天象、符谶，而不顾民怨，于是人心思汉。

条件二：非刘不王

汉高祖刘邦得了天下，却接连诛杀功臣，包括韩信、彭越，因而逼反了英布。且由于韩信、彭越已死，嫡系诸将不是英布对手，只好自己御驾亲征，讨伐英布。

刘邦与英布在战场上相望，刘邦遥对英布说：“你已经封了王，何苦要叛乱？”

英布回答：“因为我现在想当皇帝了。”

刘邦闻言大怒，于是两军大战，最后刘邦胜，英布败死。

班师途中，经过老家沛县。刘邦大军且驻，摆酒筵，召集故乡父老子弟畅饮。想到自己历经颠沛，终能平定天下，可是天下英雄豪杰仍然觊觎江山。心有所思，感慨加上酒意，当场作了一首《大风歌》：

大风起兮云飞扬，威加海内兮归故乡，安得猛士兮守四方？

刘邦亲自击筑，教沛县子弟一百二十人大合唱。大伙儿唱得兴致盎然，刘邦更趁着酒意起舞。但是，越舞却心情越沉重，乃至泣涕流泪。

回到长安后，下诏：我立为天子已经十二年，与天下豪杰、贤大夫共定天下，也共同治理。有功劳的都封了王、侯，重臣的子女也得封侯、公主，各都有食邑、有印信、有宅邸，可以说是对得起

【原典再现】

（刘邦平定英布）还过沛，留置酒沛宫。悉召故人父老子弟佐酒[①]。发沛中儿[②]，得百二十人，教之歌。酒酣，高祖击筑[③]，自为歌诗曰："大风起兮云飞扬，威加海内兮归故乡，安得猛士兮守四方？"令儿皆和习之。高祖乃起舞，慷慨伤怀，泣数行下。

——《史记·高祖本纪》

① 佐酒：一同饮酒同乐。
② 儿：年轻人。
③ 筑：音"筑"，古乐器，以竹片敲击弦发声。

天下贤士、功臣了。将来若有不义之人，擅自起兵（叛变）者，将与天下共伐诛之。

诏令下后，刘邦想想仍不放心，连自己从小共穿一条裤子的卢绾尚且叛变，可见异姓皆不可信。于是召集起义诸将喝酒，酒酣，一同誓约“今后非刘姓皇族不得封王，非功在国家者不得封侯，若有违背（自称王侯）者，天下共击之”。当时异姓诸王已经杀的杀、反的反，在场诸将都封了侯爵，这项约定也有保障他们既得利益的作用，于是个个应诺。

这是刘邦的帝国永续公式，纠正了秦始皇的公式的缺点（发生乱事时无宗室勤王），但西汉帝国的发展却是：诛杀了异姓诸王，防不了强大宗室；削弱了刘姓诸王，却让外戚坐大——人民若不安，什么公式都没用。

第一部 帝国盛衰

天下将兴，其积必有源；天下将亡，其发必有门……故其败也，必有大隙焉，而日溃之。

——苏轼《策断》

天下的兴亡必有因果。刘邦死后，皇后垂帘听政，眼看汉地四分五裂，『非刘不王』的白马之盟也岌岌可危。在文景之治短暂的繁荣过后，人民只过了一阵好日子，又因朝廷政变，不得安宁。皇后和权臣轮番和皇帝争权，最终刘氏大业还是落到了一个外姓手上。

1．人彘：垂帘听政与惊世酷刑

《大风歌》的忧心忡忡，与“非刘不王”的防备重重，都是由于刘邦在征英布时受了箭伤，且伤势日益加剧，所产生的时不我与的压力。

回到长安的刘邦，躺着的时间居多。这一天，伤口疼痛难忍，刘邦在病榻上辗转呻吟。

吕后找来良医，医生奉旨进宫，望闻问切之后，刘邦问他：“这病还可治吗？”

医生略微迟疑了一下，答：“可以治。”

刘邦破口大骂：“混蛋！老子一个老百姓，提三尺剑取得天下，这是天命。我的命既然系于上天，如果该死，纵使扁鹊来治，又岂能改变天意！”转头对吕后说：“赏他五十金，叫他回去吧！”

医生走了，吕后等刘邦气平以后，问：“陛下百岁以后，如果萧相国死了，谁能接替他的位置？”萧相国，指的是萧何。

刘邦说：“曹参可以。”萧何与曹参是当初沛县起义的两位最重要干部。

吕后又问：“那曹参之后呢？”

刘邦心头陡然惊觉：吕后将会活得比萧何、曹参都久，太子刘盈软弱，一切都听母亲的。搞不好，刘姓的天下会落入吕姓手中。他煞费苦心诛除功臣，却没有人可以制吕后。

于是刘邦布下了他的最后一局，说：“王陵可以，可是王陵稍嫌憨直，不能通权达变，陈平可以襄助他。陈平小聪明很多，可是不能独当大局，周勃可以补他不足。周勃为人厚重，不做表面功夫，可是将来安定刘氏天下的，必定是周勃，可以让他当太尉（掌军事）。”

吕后再问：“以后呢？”

刘邦说：“再往后，你也管不到了。”

交代完后事不久，刘邦就驾崩了。过了四天，吕后秘不发丧，与亲信审食其暗中谋划，想要杀尽诸将功臣。

消息外泄，开国功臣之一的郦商对审食其说：“我听闻有那么一个阴谋。若真要那么做，天下可就危险了。眼前陈平、灌婴领十万大军守荥阳，樊哙、周勃领二十万大军还在燕、代前线。如果此时将帅知道有那么一个阴谋，带兵回攻关中，大臣在内、诸侯在外，里应外合，天下之亡可以翘足以待。”

审食其同意这个说法，急忙入宫向吕后报告。于是即日发丧，并大赦天下。太子刘盈即位为汉惠帝，尊母亲吕雉为皇太后。

汉惠帝生性暗弱，凡事都听吕太后的。吕太后当家，第一件事情就是报从前“夺床”之恨。

刘邦生前最喜欢的儿子是赵王刘如意，因为刘如意最“像”他——刘邦最在意的是他以生命打来的天下可以永续绵祚，而刘如意的格局较大，使得刘邦一再想要换太子。

刘如意的母亲戚夫人得刘邦宠爱，她发现刘邦的心思后，“日夜啼泣”要刘邦易太子。但是吕后采用了张良的计策，成功保住了刘盈的太子地位，如今成为汉惠帝。

吕太后发出的第一道命令：将戚姬幽禁到别宫，然后征召赵王到长安。

赵国宰相周昌对吕后派来的使者说：“高帝将赵王托付给我，

我听说太后对戚夫人有怨，想要杀赵王，所以我不敢让赵王去长安。而且赵王目前正在生病中，不宜劳动。”

接连三批使者都叫不来，吕后大怒，派人宣召赵相周昌来京，周昌应召到了长安，吕后再派使者去召赵王。

这一次，赵王刘如意应召来到长安。惠帝个性仁厚，知道母亲要杀害这个弟弟，乃亲自到霸上迎接赵王，两人一同入宫，每天饮食起居都在一起，让吕太后没有机会下手。

有一天，惠帝一早出外射箭，赵王年轻贪睡，吕太后得知，急速派人拿毒酒将赵王鸩杀。等到惠帝回宫，赵王已经气绝。

接下去就要“处理”戚姬了。吕太后对待戚姬的手法非常残酷：截去她手足四肢，挖去双眼，用药熏聋双耳，逼她喝下哑药，将她丢在厕所里（应该已活不了），称之为“人彘”。

过了几天，太后叫惠帝一同“观赏”人彘。惠帝知道那是戚夫人后，大哭，为此病倒一年多。派人去对母亲说：“这不是人做得出来的事情，我是你的儿子，这皇帝做不得了。”

从此，惠帝每天饮酒作乐，不再听政，而且身体越来越坏。

【原典再现】

太后遂断戚夫人手足，去眼，煇①耳，饮瘖②药，使居厕中，命曰人彘③。

——《史记·吕太后本纪》

①煇：音“熏”，同义。
②瘖：音“因”，哑。
③彘：音“至”，猪的别称。

2. 诸吕之乱：高情商皇后PK心机权臣

汉惠帝刘盈身体不好，能力也不行。

更因为母后强势，他只能消极做个不管事的空头皇帝。幸而朝政有萧何、曹参，“萧规曹随”奠定了大汉帝国的长治基础。

吕太后对内强势，对外却知道国力不足，对匈奴百般忍耐。

有一次，匈奴单于栾提冒顿写了一封信“挑逗”吕太后。大意是：

我是北方草泽上一个孤独寂寞的君王，新寡的你，想必也孤独寂寞，两个君主都不快乐，又无法取悦自己。我愿意以自己所有的，交换你所没有的。

汉朝群臣诸将都为此抓狂，可是吕太后终究忍了下来，命人回信，说：

单于念念不忘敝国，赐书问候，我国深为恐惧。我本应前往侍奉单于，可是自忖年老气衰，头发、牙齿都脱落了，连走路都蹒跚不便。单于对我的期望过高，我实在无法胜任，如果我真的前往，只不过让你成为笑话而已。敝国并未得罪贵国，请你宽恕。谨献上两套四匹马拉动的皇家用车，供你驱使。

以此可见，吕雉的EQ高过那些大臣、诸将，若不是她主政，只怕汉朝就此结束也说不定。

然而，汉惠帝刘盈只做了七年皇帝，就病死了。他一死，吕雉的太后登时有合法性问题。因而，她为惠帝伤心，哭归哭，却没流下眼泪。

张良的儿子张辟疆当时在宫中侍从皇帝，年方十五岁。他对两位丞相说："太后只有一个儿子，如今皇帝崩逝，却哭而无泪，你们知道原因吗？"

丞相问："什么原因？"

【原典再现】

孝惠帝崩。发丧，太后哭，泣不下。留侯子张辟疆为侍中，年十五，谓丞相曰："太后独有孝惠，今崩，哭不悲，君知其解乎？"丞相曰："何解？"辟强曰："帝毋壮子，太后畏君等。君今请拜吕台、吕产、吕禄为将，将兵居南北军[①]，及诸吕皆入宫，居中用事，如此则太后心安，君等幸得脱祸矣。"丞相乃如辟强计。太后说[②]，其哭乃哀。吕氏权由此起。乃大赦天下。

——《史记·吕太后本纪》

---

① 南北军：长安城卫戍部队分南、北二军。
② 说：同"悦"，借用字。

张辟疆说：“皇帝的儿子还小，太后担心罩不住你们这班老革命。你们两位如果奏请任命太后娘家兄弟吕台、吕产、吕禄为将军，掌握长安禁军兵权，再让吕氏族人能入宫襄助政务，太后就心安了。你们也得以免祸了。”

丞相照张辟疆的建议行事，果然吕太后很高兴，哭的时候也流出眼泪了。而吕氏外戚从此开始秉权，也开启了西汉外戚干政的一页。

惠帝生前无嫡子，吕太后命皇后张嫣收养了其他宫人的儿子，取名刘恭。并将刘恭的生母杀掉，再立刘恭为太子。刘恭这下继位为皇帝，史称“前少帝”，吕雉成为太皇太后，正式临朝听政。

少帝刘恭后来发现自己的身世，以及亲娘的遭遇，抱怨了一句：“等我长大以后，再说。”这话传到太皇太后耳中，立即将他囚禁到别宫，对外宣称皇帝患病很重，不许任何人入见。之后又将刘恭罢黜并处死——这又开启了西汉“废帝”的一页。

太皇太后再立刘弘为皇帝，史称“后少帝”。而吕雉则更进一步控制政府，想要封娘家侄儿们为王，将来可以取代刘姓诸王。

她先问右丞相王陵的意见。萧何、曹参之后，依照刘邦的规划，王陵为右丞相，陈平为左丞相，周勃担任太尉。

王陵一如刘邦所言“太憨直”，他回答吕太后，说：“高皇帝曾经与诸将斩白马为誓：‘非刘姓的若封王，天下人一同讨伐之’，如今若吕姓封王，不合誓约。”

吕雉大不高兴，问左丞相陈平与太尉周勃。这两人默契十足，也了解吕后心狠手辣，因此回答：“高帝平定天下，封刘姓子弟为王。如今太后临朝主政，实际主宰天下，封吕姓子弟为王，没什么不可以。”吕太后才转怒为喜。

朝会结束，王陵责备陈平与周勃：“当初高帝与大伙歃血盟誓，你俩难道不在场吗？如今高帝去世，太后要封吕氏为王，你们两个奉承拍马，背弃誓言，将来有何面目见高帝于地下？”

陈平、周勃说：“当面在朝廷上力争，咱俩不如阁下；可是保全国家、保全刘姓后裔，阁下可不如我俩。”

过了几天，吕太后“擢升”王陵为太傅。太傅是皇帝的师傅，三公之一，地位崇高，但丞相的权力就被剥夺，这一招叫“一脚踢到楼上”。陈平升为右丞相，吕后的心腹审食其担任左丞相，周勃仍然担任太尉。

然后，吕雉追尊亡父吕文为宣王，亡兄吕泽为悼武王，吕泽的儿子吕台为吕王，吕产为梁王，吕禄为赵王。

吕姓诸王当权，其他吕氏外戚更行径嚣张，幸赖陈平、周勃，不让诸吕的手伸进政府。

而刘邦的预测再次应验：吕太后老了、病了，她管不到后面的事了。

可是吕太后不愿撒手，她知道自己日子不多了，下令由赵王吕禄掌管北军，梁王吕产掌管南军。告诫二人：“吕氏封的诸王，大臣都不服气。我已经快死了，皇帝年纪小，恐怕大臣作乱。你俩一定要掌握军队，紧守宫殿，千万别为我送葬，以免出宫时让人有机可乘。”

太后驾崩，遗诏：大赦天下，以吕产为相国，以吕禄的女儿为皇后（吕禄乃可以国舅身份干政）。

吕太后一死，东方的齐王刘襄立即起兵，扬言“入京诛除诸吕”。相国吕产派灌婴领军平乱，灌婴大军抵达荥阳，停下来观望，并派人通知刘襄按兵不动，静候情势发展。

长安城内，吕产、吕禄掌握兵权，遵从太后临终交代，戒备森严，令刘姓皇族与大臣没有机会可乘。于是双方陷入紧张的僵持，风雨欲来，不知何时引爆。

陈平再次提出奇计：曲周侯郦商年迈多病，他的儿子郦寄跟吕禄是哥儿们，陈平与周勃挟持郦商，要求郦寄参与反吕密谋。

于是郦寄去对吕禄说："高帝与太后一同创大业，刘姓九人封王，吕姓三人封王，都出于大臣公议、朝廷正式发布、天下诸侯认同。如今太后崩殂，阁下身佩赵王印信，却不回到封国，留在京城担任上将军，手握重兵，不能不引起大臣的猜疑，这不是智慧的决定。你何不归还将印，将兵权交还太尉，也请梁王（吕产）归还相印，你俩与大臣一同盟誓，各自回到封国。这样，齐兵师出无名，一定撤退，大臣们也得安心，阁下则可高枕无忧当你的千里之国国主，这可是子孙万代的利益呀！"

吕禄听信郦寄之言，交出印信，然后周勃展开行动：假传圣旨，接管北军。

周勃升堂，下令："效忠吕氏的袒露右臂，效忠刘氏的袒露左臂。"军士们全都袒露左臂，周勃乃完全控制北军。

陈平再献计：由朱虚侯刘章守卫辕门，防备南军，阻止吕产进入宫殿。

吕产假借小皇帝刘弘（后少帝）之名，派人持节劳军。使者被刘章挟持，连人带节上车，奔走招降，并且在一阵混乱中杀了吕产。

局面已由周勃与刘章控制，于是搜捕吕氏王侯，一律诛杀，平定了一场"诸吕之乱"。

3．文景之治：民心是最大财产

诛除诸吕本质上是一次宫廷流血政变，刘邦临终布下的棋，终能保住了刘姓江山。周勃、陈平等人，对刘邦忠心耿耿，在诛除诸吕之后，迎立刘邦的一个儿子代王刘恒为帝，是为汉文帝。

长安城内此时的实力人物是周勃，汉文帝刘恒只是形式上的领袖。虽然君臣名分已定，可是权力要怎么转移，得看新皇帝的作为。

最懂得持盈保泰的人是陈平，他以健康理由主动向皇帝请辞。文帝问他理由，他说："高祖时代，周勃的功劳不如我；可是这一次诛除诸吕，我的功劳不如周勃。我愿意将右丞相的位置让给周勃。"

这是陈平聪明之处，他避免了成为"夹心饼干"的危机——万一周勃与皇帝发生冲突，他正好夹在中间，但若周勃成为首相右为尊，他就避开了。

于是汉文帝任命周勃为右丞相，陈平调为左丞相，周勃空出的太尉一职，由灌婴接任——这也让周勃交出兵权，避免了军事政变的可能性。

汉文帝对周勃敬畏有加，有一次，周勃下朝时，神态甚为得意，皇帝对他十分礼敬，以目光送他出朝（以示礼遇）。

汉文帝渐渐进入状态。有一天上朝，皇帝问右丞相周勃："天下一年判决多少司法案件？”周勃谢罪说：“不知。”皇帝再问：“一年赋税收入多少钱、谷？”周勃仍然不知，为之惶恐又惭愧，背上出汗，内衣全湿。

皇帝再问左丞相陈平，陈平说：“这些事情都有主管官员。”皇帝问：“谁主管？”陈平说：“陛下要知道讼案，就问廷尉；要知道钱谷，就问治粟内史。”

皇帝说：“既然各有主管官员，那阁下管什么事情？”

【原典再现】

帝益明习国家事。朝而问右丞相勃曰：“天下一岁决狱几何？”勃谢不知；又问：“一岁钱谷入几何？”勃又谢不知；惶愧，汗出沾背。

上问左丞相平。平曰：“有主者。”上曰：“主者谓谁？”曰：“陛下即问决狱，责廷尉；问钱谷，责治粟内史。”

上曰：“苟[①]各有主者，而君所主者何事也？”

平谢曰：“陛下不知其[②]驽下[③]，使待罪[④]宰相。宰相者，上佐天子，理阴阳，顺四时；下遂[⑤]万物之宜；外镇抚四夷诸侯；内亲附百姓，使卿大夫各得任其职焉。”帝乃称善。

——《资治通鉴·汉纪五》

---

① 苟：如果。
② 其：陈平自称。
③ 驽：音“奴”，资质鲁钝。驽下：自谦能力不足。
④ 待罪：对自己职务的最谦卑说法。
⑤ 遂：满足。遂万物之宜：让百姓皆得其所。

陈平说："宰相的职务，对上辅佐天子、调理阴阳，注意农时、不违四季节气；对下让天下人各适其所；对外镇抚四方诸侯；对内爱护百姓，并使卿大夫各展其才。"文帝对此称善。

周勃退朝后抱怨陈平，说："你平常怎么没教我这些话？"

陈平笑说："你坐在宰相的位子上，怎么不知道宰相的职责是什么？如果皇上问你长安城有多少小偷，你难道也要勉强回答吗？"

周勃这才明白，他的能力远不及陈平。而周勃也明白，皇帝在朝廷上"考"丞相，其实不是问司法或赋税，而是要杀丞相的威风。

想通了以后，周勃称病辞职，汉文帝立即批准。大汉帝国不再设左右丞相，由陈平独任丞相。

翌年，陈平逝世，周勃、灌婴先后担任丞相，直到开国功臣"轮"完，权力才归于汉文帝。

汉文帝刘恒被历史小说家高阳推崇为"史上第一好皇帝"（第二是清康熙帝），他最受称颂的是节俭。有一次，有关单位奏报要建筑一座观景台，算一算要花百金（通常指一百镒，一镒二十四斤，百金就两千四百斤黄金）。文帝说："百金是十家中等民家一年的生产值，我继承先帝（刘邦）的宫室，总是怕做不好令高祖蒙羞，建什么楼台？"

汉文帝平常只穿黑色的丝绸，他最宠爱慎夫人，规定她衣裳长度不得拖到地上，内宫的床帐没有绣饰。也就是皇帝以身作则，用朴实的生活，作天下表率。

除了节俭，文帝重用一位堪称古代法官模范的张释之。

汉文帝出游霸陵，登高远眺，慎夫人相随。慎夫人是邯郸人，文帝指着新丰道（公路名）说："这条路通往邯郸。"慎夫人于是弹奏瑟，皇帝和着她的音乐唱歌。由于慎夫人思乡之心，歌曲凄怆悲怀。

文帝受到歌声感染，对随行群臣说："啊，人生苦短，人死后用北山之石做外椁，再用漆搅和棉絮将椁密封，应该可保无虞了吧！"左右都说："是啊！"

张释之当时担任中郎将，正好随侍，上前说："如果棺椁中有宝物陪葬，即使深锢在南山之中，人们也找得到空隙进入。如果里面没有值钱东西，即使不用石椁，也不必担心。"

汉文帝认为他说得很对，不久后，就擢升他为廷尉。

汉文帝经过中渭桥，桥下突然跑过一个人，御车的马受到惊吓（也就是皇帝受到惊吓）。那个人被逮捕，送交廷尉法办。

张释之问案，那人供称："我是长安本地人，听到皇帝队伍来了，来不及走避，只好藏到桥下。久之，以为队伍过去了，就出来，却看见车马大阵仗还在通过，因此快跑离开。"

【原典再现】

释之曰："法者，天子所与天下公共也。今法如此而更重[①]之，是法不信于民也。且方其时，上使立诛之则已。今既下廷尉，廷尉，天下之平也，一倾[②]而天下用法皆为轻重[③]，民安所措其手足？唯陛下察之。"

良久，上曰："廷尉当是也。"

——《史记·张释之冯唐列传》

① 更：更改。重：加重。
② 倾：以天平倾斜喻刑罚无常。
③ 为轻重：司法判案失去标准，可轻可重。

张释之判决：一个人“犯跸”（天子出巡曰“跸”），罪当罚金（四两黄金，对平民老百姓而言，已经很重）。

汉文帝对此判决大为不满，说：“此人惊吓了我的马，幸好御马性温驯，没事，若换作其他马，岂不要了我的命？廷尉却只判他罚金！”

张释之此时说出了千古名言：“法者，天子所与天下公共也。如今法律如此规定，若加重处罚，将使人民不信任法律。陛下当时若下令当场杀了那人，也就罢了。既然交给廷尉，廷尉好比是天下的天平，廷尉若有倾斜，天下所有司法判决就会出现轻重弊病，人民的行为要以什么来规范？请陛下明察。”

汉文帝过了许久，才说：“廷尉就该这样啊！”

时人称颂“张释之为廷尉，天下无冤民”，而文帝时，又发生一件有名的案件“缇萦救父”。

齐国太仓令（掌管齐国粮仓）淳于意犯了罪，应当受刑，朝廷下令将他押解到长安。

淳于意没有儿子，却有五个女儿，在押上囚车时脱口骂：“生那么多女儿，没有儿子，有紧急事情时，完全派不上用场。”

小女儿缇萦随着父亲到了长安，上书皇帝：“小女子的父亲担任公务员，齐国人都称赞他廉洁且公平，如今因犯罪必须受刑。然而，死者不可复生，砍下的器官不可能接回去，即使想要改过自新，也没有机会了。我自愿被收入官府当奴婢，以赎父亲之罪刑，让他有自新的机会。”

上书到了汉文帝手中，文帝深为感动，下诏“废止肉刑”。

自秦朝以来，老百姓最渴望的就是司法公正、刑罚宽简。汉文帝更能奖励农桑、提倡节俭，当时的人民感觉就像生活在天堂里。

文帝逝世，儿子刘启继位（汉景帝），沿袭父亲作风，两代合称“文景之治”。

文景之治有多好？历史记载：

七十年间，国家没有发生大的灾难。只要不遇到水旱天灾，人民可以家家自足。

城市和乡村的粮仓全满，地方政府的公库，则堆满了用不完的货币。京师长安的国库，累积的钱多达万万（亿）。那些钱原本用绳索串起来方便计算，却因为多年不用，绳索都朽烂了，以致无法计算。粮仓里的粟米，一层一层往上堆积，直到满溢出仓库外面，下层的当然就腐烂不可食了。

城里平民老百姓的街巷都有马匹，田野间更是成群结队。人们因富足而都骑雄马，那些骑母马或小马的人，都交不到朋友。

街坊守望者都得以吃肉，担任基层公务员者不愿换工作，很乐意在家看着孙子长大，基层官吏由于世袭专业官职，甚至将官名当作姓氏（如姓“仓”、姓“库”）。因此人人自爱，把犯法当作很

【原典再现】

非遇水旱之灾，民则人给家足，都鄙①廪庾②皆满，而府库余货财。京师之钱累巨万，贯③朽而不可校④。太仓之粟陈陈相因⑤，充溢露积于外，至腐败不可食。

——《史记·平准书》

---

① 都：城市。鄙：乡下。
② 廪：仓库。庾：音“雨”，露天的谷仓。
③ 贯：串起铜钱的绳索。
④ 校：计算。
⑤ 陈：旧。因：迭。陈陈相因：新米层层相叠，之前的新米成了陈米。

严重的事情，相互勉励善行，谴责做羞耻的事的人。

这是多么安和乐利的社会？也是西汉帝国的最大资产。后来“人心思汉”，有一大部分是怀念文景之治。

然而，汉景帝刘启的皇位，却坐得并不太平。只因为他的祖父刘邦只注意到防范功臣，却没想到，大封刘姓昆弟为王以后，强藩也会成为帝国的威胁。

4. 七国之乱：一场命案引来的叛乱

汉文帝因为是外藩入嗣，所以对立储一事非常谨慎。

大臣建请立太子，刘恒说："楚王刘交是我的叔父，吴王刘濞是我的兄长（堂兄），淮南王刘长是我的弟弟，我不在他们之中遴选王储，而要立我的儿子为太子，会受到天下人的批评。"这既是谦让，也是试探，等大臣们都表态支持之后，刘恒才指定他的长子刘启为太子。

文帝提及的三王当中，力量最大的是吴王刘濞（音"辟"），因为吴国有一座铜山，吴王濞既能自己铸钱，又能煮海水为盐获利，所以国用富饶。

汉文帝时，刘濞的太子刘贤到长安朝拜，与皇太子刘启一道喝酒博弈，堂兄弟起了争执，刘启拎起赌博用具（不知何物）砸死了刘贤，于是将遗体送回吴国安葬。

吴王刘濞当然很难过，也很气愤，说："刘姓皇族同宗一家人，死在长安，就葬在长安，何必送回来！"将刘贤遗体再运回长安下葬。刘濞自此与朝廷冷战，称病不朝。

朝廷一再派使者责问，吴王终于派使者回报："其实是没病，可是因为一再被责问，所以情况越来越僵。请求皇帝赦免前罪，让吴王重新来过。"汉文帝乃颁布赦令，赐吴王几杖，体谅他年老，免来长安入朝，朝廷与吴国暂时没事。

另一位淮南王刘长是刘邦最小的儿子。刘邦亲征燕王卢绾与陈豨时，经过邯郸，女婿张敖将一位美女送进皇帝行宫，就“有”了刘长。可是后来爆发贯高等谋刺刘邦事件，赵王宫中所有女人都拘禁在河内郡，包括刘长的娘，她向狱吏说：“我怀有皇帝的种。”狱吏急忙上报，可是刘邦正在气头上，不理。

刘长的舅舅通过审食其去向吕后讲情，可是吕后是个妒妇，哪会帮她说情？结果，刘长的母亲在狱中生下刘长，自己却因狱中卫生条件不好而死了。

刘长这“没娘的孩子”心怀怨恨，怀恨对象包括吕后与审食其。汉文帝三年，他藉到长安朝见天子的机会，刻意邀审食其与他一同出猎，在袖中暗藏铁锤，打死了审食其，然后袒露上身到皇宫请罪。汉文帝赦免了刘长的罪，刘长反而更加骄纵，淮南国内不行汉朝法令，自己立法。终于汉文帝不能再假装没看见，下令撤销淮南国，将刘长送到长安受审。地方政府将淮南王装进囚车，传送长安，一路上郡县都不敢将囚车封条揭出，也就是一路不得“放封”。

【原典再现】

民有作歌歌淮南厉王曰：“一尺布，尚可缝；一斗粟，尚可舂。兄弟二人不能相容。”上闻之，乃叹曰：“尧舜放逐骨肉，周公杀管蔡，天下称圣。何者？不以私害公。天下岂以我为贪淮南王地邪？”

——《史记·淮南衡山列传》

刘长对他的随从说："人家说我有勇力，我有何勇力？我不过态度不佳而已，没听过有那么严重，人生一世不过数十年，怎么受此屈辱？"于是绝食而死。

民间对此事，流传歌谣："一尺布还够缝衣服；一斗粟还可以舂米。兄弟二人却没有相容空间。"

汉文帝听说有这个民歌，感慨地说："尧舜将兄弟放逐，周公诛杀管叔、蔡叔（都是兄弟），天下人称赞他们。为什么？因为他们不以私害公。可是天下人却为什么吟歌讽刺我？难道以为我贪图淮南王土地吗？"

汉文帝有一位宠臣贾谊一再上疏，要皇帝注意"强枝弱干"的潜在危机。贾谊用了一个很好的比喻：如今天下大局，好比一个人四肢肿大，手指肿得像腿一样粗，腿肿得像腰一样粗。平常已经屈伸不便，一、两根指头抽筋，全身都会痛楚。如果今天不治疗，拖久了必成痼疾，将来即令扁鹊复生，也无能为力。

贾谊的意思是：兄弟是手足，现在的楚王、齐王都是皇帝的手足或手足的骨肉。可是将来情况会变，皇帝与封国王之间的关系会越来越疏远。那时候，封国太大就会威胁天子，将不再是肿病而已，而是恶疾了。

可是汉文帝不想触碰这个敏感话题，召见贾谊时，只跟他谈鬼神之事——这是"不问苍生问鬼神"的典故由来。

文帝崩逝，景帝即位，皇帝年轻，诸藩王多为长辈，因此更加骄纵。

吴王刘濞当然是第一名。文帝对他宽容，他还有些收敛；景帝即位，既是后辈，又是杀子仇人，就更不甩朝廷。吴国有铜山可以铸钱，又靠海生产食盐，因此非常富足，人民的兵役、劳役都由吴国国库缴付代金。于是各地人民望风来归，其中当然有逃犯，外郡官吏追捕，都被刘濞公然拒绝。如此的效果：人民愿意为吴王效死，而境内更多是亡命之徒，他们在吴国才得以逍遥法外，自然勇于为吴王而战。易言之，吴国兵源充足，“强枝”已经大大威胁到“弱干”。

刘启还是太子时，太子詹事（总管）晁错就屡次上书，建议藉吴王濞犯过错为口实，每次削减一些吴国的土地，可是汉文帝每每想到“一尺布”那件事，加上自己儿子打死对方儿子，所以都不采纳。

及至景帝即位，晁错再上疏：“当年高祖初平定天下时，因为兄弟少、儿子小，大封同姓宗族为王。其中齐国七十余城、楚国四十余城、吴国五十余城，这三王都不是嫡亲，却分去天下大半土地。……（述说吴王过失，主张削弱大藩）。如今削之也反，不削一样要反。早点削，造反得快一些，祸乱小；现在不削，延后造反，祸乱更大。”

景帝将晁错的上疏，交付公卿列侯讨论，大家都不敢反对（以为是皇帝的意思），于是开始削藩，第一个被开刀的是楚王刘戊。

刘戊荒淫凶暴，告他状的人很多，于是借着他到长安朝见天子的机会，时任御史大夫的晁错，弹劾楚王刘戊大罪，依法应处死刑。景帝下令赦免死罪，仅削去东海郡。

接下来，赵王刘遂因犯过失而削去常山郡，胶西王刘卬被削去六个县。

朝廷开始动手了，吴王濞当然知道主目标是他，于是也积极准备造反。

刘濞估计刘戊没有选择，一定会跟进起兵。可是刘戊不是带兵打仗的材料，而胶西王刘卬有勇力且喜欢研究兵法，就派出一位辩士应高去游说刘卬。

应高对刘印说：“俗话说‘舐糠及米’（狗先舔食糠，吃完就要吃米了），大王只因为小事就被削减土地，实在罪不至此。依我看，朝廷的目标不止如此而已（最终将会撤藩）。”

刘印说：“我看也是。但是又能如何？”

应高说：“吴王愿意捐躯为天下除患，大王意下如何？”

刘印闻言，瞿然惊骇，说：“这种事情怎么可以做！”

应高说：“这全都是御史大夫晁错以谗言蛊惑天子所导致，诸侯不满，已经天怒人怨。吴王一方面要求诛杀晁错，一方面追随大王之后，扬威天下，肯定所向披靡，谁敢不服？现在只听大王一句话，吴王率同楚王进攻函谷关，大王据守荥阳、敖仓，阻止汉军东进。大功告成后，吴王与大王平分天下，不是很好吗？”

刘印被这番话打动，派出使节联络齐王、菑川王、胶东王、济南王，这些都是齐王刘肥的子孙，血缘接近，所以很好沟通，各国都同意出兵。

诸侯反叛已经堆好“干柴”，只等“点火”。而西汉朝廷削藩终于削到吴国，要没收会稽、豫章两个郡，于是吴王刘濞点火了：他将吴国境内凡朝廷派下来的官员全部诛杀，同时派出使节通知所有“盟友”。一时间，楚、赵、胶东、胶西、菑川、济南，连同吴国，一共七国同时举事。

刘濞下令：“我已六十二岁，亲自领军出征，幼子年方十四岁，也随军出征。吴国凡是年纪在我俩之间的男人，全部投入战场。”总共动员了二十余万人。

吴国大军渡过淮水，与楚军会合，发表文告，数说晁错罪状，要求“杀晁错以谢天下”。联军进入梁国，首仗就击斩梁军数万人，锐不可当。梁王刘武坚守都城睢阳，成为阻挡叛军的中流砥柱，但形势岌岌可危。

汉景帝一时慌了手脚，听从晁错政敌的建议，公开处决晁错，可是叛军毫无退兵之意，情况紧急，只有一个人可以倚靠——周亚夫，他是周勃的儿子。

5. 莫须有：比岳飞早一千二百年的罪名

汉文帝时，为了防备匈奴入侵京城，在长安城周边设了三个军营：刘礼驻军霸上，徐厉驻军棘门，周亚夫驻军细柳。

有一次，文帝到三个军营劳军，在霸上和棘门都是直驱而入，将军更恭敬迎送。

到了细柳营，天子的先遣人员被全副武装的军士拦下来，不得进入。

先遣人员说："皇帝马上就要到了。"

军门都尉说："我们将军有令，'军中只听将军命令，不接受天子诏书'。"

不多久，皇帝大队人马到了，仍然不许进入。于是文帝派出使节，拿着天子符节去对将军宣诏"朕要入营劳军"。周亚夫这才下令开营门。

守门军士对驾车人员说："将军有令，军营中不准放纵驱驰。"于是，皇帝一行只能缓慢前进。

到了将军大营，周亚夫全副武装，手按佩剑，向天子作揖，说："穿着甲胄的战士不下拜，请准许以军礼相见。"

汉文帝为之动容，起立在车上答礼，派人宣布："皇帝诚心慰劳将军。"完成仪式后归去。

出了细柳军门，随行群臣才松了一口气。汉文帝说："唉，这才是真将军啊！之前在霸上、棘门，简直是儿戏，那两个将军随时都会被敌人偷袭而俘虏啊。至于周亚夫，谁能侵犯他呢？"

汉文帝临终前告诫太子（汉景帝刘启）说："若有风吹草动，只有周亚夫可以担当重任。"现在，汉景帝遵照老爹的指示，擢升周亚夫为太尉，统帅三十六位将军，讨伐吴楚联军。

周亚夫提出他的战略："楚军剽悍且机动性高，其攻势必定猛烈，我军与之正面相抗不是上策。如果我们让梁国挡住正面，中央军将重点置于断绝吴楚联军的粮道，才能克敌制胜。"刘启批准。

周亚夫依既定战略进行，主力绕到吴军侧背，攻击补给线。而吴楚联军仍猛攻梁国都城睢阳，梁王刘武不断派出使节向周亚夫求救，周亚夫坚持战略，不回应求救。刘武向景帝控诉周亚夫，景帝下诏周亚夫赴援，周亚夫拒不奉诏。

睢阳城靠着韩安国与张尚两位将领，紧守不失。吴楚联军转向攻击周亚夫，周亚夫坚守营垒不出战。时间一久，汉军攻击补给线的效果显现，吴楚军感受到粮食不济的压力，更急于一决胜负。可是吴楚军越急，周亚夫越是坚守不出。

吴王刘濞决定用奇招，派兵猛烈攻击周亚夫阵地东南角，周亚夫下令西北角阵地加强戒备，果然吴楚军迂回攻击西北阵地，但却无法突破——这是吴楚联军最后一次攻势。在攻势受挫之后，士兵因为饥饿，开始临阵脱逃，大军只好向后撤退。

周亚夫看见等候已久的机会出现，立即下令开壁纵兵出击，叛军霎时崩溃。吴王刘濞自知无力再战，带着近身卫士数千人趁夜逃亡。楚王刘戊见大势已去，自杀。

刘濞南逃，渡过长江，打算撤退到东越王国（今浙江）。可是汉帝国中央以重金贿赂东越王驺骆望。驺骆望诓刘濞到自己的军营劳军，暗伏杀手以矛刺杀刘濞，七国之乱于是平定。

周亚夫因为平定七国之乱的功劳，当上了丞相。但因置梁国独力且面对强敌而不救，与梁王刘武之间有了裂痕。梁王死后，窦太后乃迁怒周亚夫，偏偏周亚夫自以为功劳盖世，对皇家的事务居然也表示“异见”。先是景帝要废太子，周亚夫力陈不可；之后，景帝要封王皇后的哥哥王信侯爵，周亚夫又搬出刘邦那句“非有功不封侯”予以否决。

不久之后，景帝在禁宫召见周亚夫，请吃饭，桌上摆了大块的肉，没切开，也没筷子。

周亚夫向侍者要筷子，景帝看着他，笑着说：“你这样还不够吗？”

周亚夫顿时醒悟，自己已经大祸临头，立即脱下官帽请罪。景帝起身，周亚夫乃小碎步退出。景帝看着他出去，口中喃喃自语：“这家伙态度不佳，将来恐怕不利于少主。”

过不久，周亚夫的儿子为父亲采办陪葬器物，向工官（后勤部门）买了五百套可以报废的盔甲盾牌。可是找来人搬运，却不给工资（特权令人发指），工人们气极了，向有关机关检举。

【原典再现】

廷尉责曰：“君侯欲反邪？”

亚夫曰：“臣所买器，乃葬器也，何谓反邪？”

吏曰：“君侯纵不反地上，即欲反地下耳。”吏侵之益急……因不食五日，呕血而死。

——《史记·绛侯周勃世家》

兹事体大，有司呈报皇帝，景帝交给司法调查。司法官去条侯府邸问案，周亚夫拒绝回答。有司再呈报皇帝，景帝下令周亚夫向廷尉报到。

廷尉问：“阁下（买兵器）难道想造反吗？”

周亚夫说：“我买的是陪葬用品，怎么说是造反呢？”

廷尉说：“阁下纵然不反于地上，也是想反于地下！”

廷尉逼问越来越急，周亚夫绝食抗议，五天不吃，呕血而死。

周亚夫的罪名其实就是“莫须有”，比岳飞早了一千二百多年。

刘邦、刘启诛杀功臣，都是为了消除帝国继承人的可能威胁。而刘启的皇位继承人，又另有一番曲折。

6．金屋藏娇：母以子为贵？瞄准太子位

汉景帝刘启仍是太子时，祖母薄太后为他娶了一位薄家的女儿。刘启即位后，薄女士当然就成为薄皇后，可是刘启并不喜欢她，可能也因此她没有生儿子。皇后没生儿子，意味着没有“当然”的太子。

七国之乱是国家一大危机，乱事平定后，群臣建议立太子，这有安定人心的作用，等于宣告：其他诸侯不必妄想了，皇位已有指定继承人。

刘启有两个儿子：长子刘荣、次子刘彻。由于都不是嫡子，所以立刘荣为太子，封刘彻为胶东王。

刘荣当上了太子，所谓“母以子为贵”，他的母亲栗姬因而态度高傲，以为总有一天成为皇太后。而汉景帝在祖母过世之后，索性废掉了薄皇后，这下子栗姬更神气了，以为皇后非她莫属，开始嫉妒、排挤其他后宫美女。

而刘启的姐姐，长公主刘嫖为了加强自己的影响力，一再为弟弟物色美女，于是栗姬视刘嫖为眼中钉。

刘嫖有个女儿陈娇，她向栗姬提议将陈娇嫁给刘荣，遭妒火中烧的栗姬一口回绝。刘嫖动了气，决心除掉栗姬，转而向另一位皇子刘彻的母亲王娡提亲。王娡一口答应，并与刘嫖结成联合阵线。

刘嫖日夜在老弟面前诋毁栗姬，说她妒性太强，万一给她当上太后，将来恐怕会再发生“人彘”事件。

汉景帝听到“人彘”，心有不安。有一次身体微恙，他就借机对栗姬进行了一项试探，说：“如果我死了，请你要好好照顾其他皇子。”

谁知道，栗姬闻言却醋劲大发，非但不答应，甚至口出“不逊之言”——景帝拂袖而去时，“似乎”听到栗姬骂了一句“老狗”。

然而，景帝仍然宠爱栗姬，并未因此做出处置。

这时，王娡出手了。她买通了大行（皇族事务大臣），上疏建议：“子以母贵，母以子贵。太子的母亲没有称号，建议立为皇后。”

如果是皇帝要为太子的母亲拟封号，那是大行的任务。可是皇帝还没决定的情况下，立谁为后却不是大臣可以建议的。因此，汉景帝大怒，下令诛杀大行，并且认定是栗姬买通大行，下诏废掉太子，刘荣改封临江王。从此栗姬不得见到皇帝，恚恨而死。

太子刘荣废掉了，要立谁为储君？

有条件争取储君的有两位：景帝的另一个儿子（王夫人所生）胶东王刘彻，以及窦太后钟爱的幼子梁王刘武。

王夫人受宠程度是远远不及栗姬的，可是刘彻有个姑妈兼准岳母，也就是长公主刘嫖。先前刘嫖与王夫人已经连手除去了太子刘荣与栗姬，下一目标当然瞄准太子位，但在发动之前，刘嫖还要做进一步“确认”。

有一天，刘嫖带着阿娇到了王夫人所居殿所，将侄儿刘彻抱到膝上坐着，然后一本正经地问他：“阿娇给你当媳妇好不好？”

小刘彻说：“好啊！”

“那你将来要怎样疼她？”

“我要打造一座金屋给她住。”

这就是“金屋藏娇”成语典故。所谓“金屋”，并非真的用金子打造一间房屋，而是形容宫殿金碧辉煌，极其华丽堂皇。

长公主刘嫖听到小刘彻这句话，大为高兴，于是大力促成立刘彻为太子。

刘彻立为太子，最失望的当然是另一位王储竞争者梁王刘武。

刘武是窦太后的小儿子，汉景帝刘启的亲弟弟，在七国之乱时，卯力顶住吴楚联军攻势，才为老哥皇帝争取到时间，部署反攻。

窦太后宠爱这个小儿子，好几次提议：立梁王为太子。甚至汉景帝都松口了，却被大臣袁盎等人搬出一堆理由反对，因而作罢。

基本上，梁王本人并没有很大野心，可是手下有几位野心家：羊胜、公孙诡、邹阳等，努力鼓吹梁王刘武储备兵器弩弓，并充实府库，出入仪仗更比照天子，非常高调。

刘彻立为太子，梁王为此怨恨袁盎，羊胜、公孙诡就买了刺客暗杀袁盎与另外十余位当时反对他的大臣。

刺客到了关中，向长安市民打听袁盎，到处都听到好评，人人

【原典再现】

汉陈婴曾孙女名阿娇，其母为武帝姑馆陶长公主。

武帝年幼时，长公主抱置膝上，问曰：“儿欲得妇否？”并指阿娇曰：“好否？”

帝笑对曰：“若得阿娇，当以金屋贮之。”

主大悦，后因要求成婚。帝既即位，立为皇后。

——《汉武故事》

赞不绝口。于是刺客去见袁盎说："我收了梁王的金子，前来刺杀阁下。可是听说阁下是一位好官，不忍心下手，后面还有十几位刺客要来，阁下请加强戒备。"

袁盎闻言，心中发毛，偏偏家中又出现一些怪现象，于是去向一位占卜者棓生请问吉凶，却在回家途中被刺客杀死。

当天不止袁盎被刺，另外还有十位大臣遭刺杀。

这还得了！汉景帝下令全力搜捕刺客。抓到后，发现是梁国指使，于是派出一批又一批的使者，要梁国拘捕主谋者公孙诡与羊胜，到长安审讯。两人躲到梁王后宫，使者只好施压梁国相轩丘（复姓）豹，轩丘豹与梁国内史韩安国建议梁王，令两人自杀，将尸首交给使者。

梁王派亲信去长安，走长公主门路，向太后求情，以求赦免。然后亲自入关请罪，车队到了函谷关，梁王改乘丧车，掩人耳目，低调进入长安，躲在长公主家中花园里。再由太后宣召，免于一死。景帝此后就不再和弟弟同车（辇）出入。

刘彻在景帝逝世之后继位，是为汉武帝。

7. 长门怨：陈阿娇失宠，小舅子变姐夫

汉武帝即位，陈阿娇成了陈皇后。长公主刘嫖自认为功劳很大，陈皇后因而既骄且妒，不许其他宫人亲近皇帝。可是，阿娇偏偏一直生不出儿子，花在求子的金钱达到九千万，仍毫无消息。

汉武帝前往霸上举行禳祭（消灾祈福大典），回程时顺道拜访姐姐平阳公主，看上一名歌伎卫子夫，就在平阳侯府上“临幸”了卫子夫。当然，平阳公主牢牢地把握住这个“掌握皇帝枕边人”的大好机会，将卫子夫送入宫中。

卫子夫入宫后得宠，陈皇后醋劲大发，一哭二闹三上吊。有意思的是，居然每次都救活了。

陈皇后为了挽回皇帝的宠爱，将女巫楚服及弟子引入宫中，以咒语诅咒卫子夫。结果事情被踢爆，汉武帝乃下令御史张汤彻查。

张汤采用了残酷的逼供手段，一家伙株连了三百多人，楚服在闹市斩首。陈皇后则被没收皇后印信、罢黜，幽居长门宫。

这长门宫原本是刘嫖的长门园，当初送给女婿刘彻，刘彻即帝位后，改为长门宫。现在让陈阿娇住进长门宫，等于休妻“回娘家”。

刘嫖为此惶恐，向侄儿、女婿、皇帝叩头请罪。武帝说：“皇后所为违反大义，不得不废黜。请姑妈宽心，不要听外人闲话。住

在长门宫等于回家，一切供奉仍如正宫皇后。”

然而，即使物质供奉不减，冷宫毕竟是冷宫，陈阿娇“冷”得受不了，听说司马相如的文采受到武帝赞赏，就以千金请司马相如写了一首《长门赋》。这首赋入献皇帝，汉武帝为之感动，开始善待陈阿娇，但并未恢复她皇后名分。

之前陈皇后闹脾气时，母亲大长公主刘嫖为女儿出气，派人绑架卫子夫的弟弟卫青，卫青的朋友公孙敖等一批好汉，发动偷袭，将卫青抢救回来。

卫子夫得宠，且有孕，卫青被绑架，这事惊动了汉武帝，就征

【原典再现】

卫子夫立为皇后，后弟卫青字仲卿，以大将军封为长平侯……其三弟皆封为侯，各千三户……贵震天下。天下歌之曰：“生男无喜，生女无怒，独不见卫子夫霸天下！”

是时平阳主寡君，当用列侯尚[①]主。主与左右议长安中列侯为夫者，皆言大将军可。主笑曰：“此出吾家，常使令骑从我出入耳，奈何用为夫乎？”左右侍御者曰：“今大将军姐为皇后，三子为侯，富贵振动[②]天下，主何以易之[③]乎？”于是主乃许之。言之皇后，令白之武帝，乃诏卫将军尚平阳公主焉。

——《史记·外戚世家》

---

① 尚：娶公主，因为高攀而称“尚”。尚，同“上”。
② 振动：同“震动”。
③ 易：轻。易之：看轻。

召卫青到建章宫当管家。卫子夫在生了一个儿子刘据之后立为夫人，卫青升为太中大夫。后来陈皇后被废，卫子夫立为皇后，卫青也一再升官，升到大将军，封长平侯。卫青的儿子和两个弟弟都封侯，民间流行歌于是唱着："生男孩没什么好高兴的，生女孩也不必生气，你没看见卫子夫吗？一家独霸天下！"

后来，平阳侯死了，公主寡居，皇帝要为姐姐再找一个男人，在列侯中挑选。有人建议："大将军很适合。"

公主笑着说："他从前在我家中，常常骑马担任我的随从（骑奴），怎么可以当我丈夫呢？"

左右说："大将军的姐姐如今是皇后（当年也是你家歌伎），一家都是侯爵，富贵震动天下，公主岂可看低了他？"

于是公主点头，向皇后提出，皇后再跟皇帝说，于是下诏由卫青"许配"平阳公主——小舅子成了姐夫，骑奴成了侯爵。

刘邦留下来的祖训：无功不得封侯。汉武帝为了让小舅子立功，派他出征匈奴，自此开启"外戚大将军"的一页。

8．外戚大将军：搏命将军战匈奴，大汉天威实为空

卫青第一次出征匈奴，官衔是车骑将军，只是四路军队之一。那一次，只立了很小的战功。第二次，立了大功劳，封为长平侯。他前后出征七次，杀敌五万人，官至大将军，是“大汉天威”的主要人物之一。

大汉天威另一位要角，战功比卫青更显赫，出征六次，杀敌十

【原典再现】

骠骑将军为人少言不泄[①]，有气敢任[②]。天子尝欲教之孙吴兵法，对曰：“顾[③]方略何如耳，不至学古兵法。”

天子为治弟[④]，对曰：“匈奴未灭，无以家为也。”

——《史记·卫将军骠骑列传》

---

①泄：音“易”，话多。
②气：勇气。任：担当。有气敢任：打仗勇敢，身先士卒。
③顾：看。
④弟：第，住宅。

一万人，他就是霍去病。霍去病也算是皇亲国戚，他是卫青的外甥，原本在武帝身边担任侍卫，因为他善于骑射，皇帝派他跟着舅舅出征，后来也因战功而封为冠军侯。

霍去病个性沉默寡言，可是打起仗来气魄凌厉，骁勇当先。

汉武帝教他学习《孙子兵法》，他却回答："打仗全看对敌时的方略运用，哪用得上古代的兵法？"

武帝为他建了官邸，要他去看看，他回答："匈奴未灭，无以家为也。"

这样一位青年英雄人物，却只活了二十九年，英年早逝。而霍去病死后，汉朝多年不发兵北征，直到张骞通西域之后。

汉朝使节自西域回来，个个都向皇帝说："大宛有一种宝马，出汗如血，称为汗血马，每天能跑五百里，都藏在贰师城，不给汉使看见。"汉武帝闻言动心，派出使节带着千金及一匹金马为礼物，送给大宛国王，以交换汗血马。

但是大宛国王不给面子，大汉帝国的使节团被全体屠杀，一个不留。汉武帝视此为奇耻大辱，决定采取报复行动。

此时，汉武帝正宠幸李夫人，有意循卫青模式，封李夫人的哥哥李广利为侯。于是任命他为贰师将军，率领数万军队，讨伐大宛，并取回汗血宝马。

李广利大军绕过罗布泊，沿途小国都闭城坚守，得不到水草的汉军，抵达大宛边境郁成时，只剩不过数千人，而且既饿又疲。

汉军攻郁成，遭到迎头痛击。李广利与幕僚商量："我们连郁成都无法对敌，何况攻他们的国都？"于是引兵回国。

大军一来一回花了两年，回到敦煌时，仅存十分之一、二军队。派使者上书皇帝："道路遥远且粮食不继，军队不怕打仗，可是无法战胜饥饿。我们的军队太少，不足以攻下大宛。请求暂时休兵，整补增援后再出发。”

武帝接书，大怒，派使者到玉门关拦阻大军，宣布“军队敢入关者斩”。因此，李广利全军团滞留在敦煌，回不了国。

为了让李广利立功，汉武帝再派出大军六万人，带十万匹牛、三万多匹马，驴子、骡子、骆驼数以万计，粮食加倍携带，为此“天下骚动”。另外派出十八万大军戍守酒泉、张掖北方，以阻绝匈奴援兵。这一次，大宛挡不住了。贵族发动兵变，杀国王毋寡、献出宝马，与李广利签订和约。耗费全国资源发动战争，李广利带回中国的战利品只有：良马十匹，中等以下三千多匹。

李广利征服大宛，汉朝威震西域，各国纷纷来朝，汉武帝认为可以全力对付匈奴了。于是派贰师将军李广利率三万骑兵出酒泉，在天山击败匈奴右贤王。可是匈奴大军掩至，李广利被包围，差点不得脱身，军队损失六、七成。两年后，李广利再率骑兵六万、步

【原典再现】

（贰师将军）使使上书言：“道远多乏食，且士卒不患战，患饥。人少，不足以拔宛。愿且罢兵，益发[①]而复往。”

天子闻之，大怒，而使使遮[②]玉门，曰军有敢入者辄斩之！贰师恐，因留敦煌。

——《史记·大宛列传》

---

①益：增加。益发：增兵。
②遮：关闭。

兵十万出塞，另外还有三路兵团共七万余人分进合击。匈奴且鞮侯单于率领主力十万骑兵，与李广利大战十余日，匈奴败战，向北撤退。

却在这个时候，长安城内爆发“巫蛊之祸”，牵连到李广利的妻子。消息传到前线，李广利想要建立更大功劳以抵罪，于是追击已退去的匈奴，大胜，战果丰硕。

这种搏命作风，令李广利手下将领担心，会被他带着一齐去送死。长史与都尉阴谋绑架李广利，却被李广利得悉，杀长史，全军向后撤退。可是，汉军已经太深入沙漠。匈奴单于率五万骑兵拦截一心思归的汉军，趁夜在汉军正面挖了一条尺深的巨沟，拂晓自汉军后方发动攻击，汉军大乱，坠入巨沟，死者不计其数，李广利投降。

汉武帝建立了空前霸业，人民陶醉在“大汉天威”之中，消耗着文景之治的“老本”，物质与精神上都很满足，殊不知帝国已经掏空。而汉武帝的霸业到此为止，之后，他伤脑筋的是接班人问题。

9．爱其子而杀其母：武帝的精明

前章说及，李广利因为涉入“巫蛊之祸”，以致进退失据，最后兵败投降匈奴。那巫蛊之祸是一场后宫斗争。

随着功业越大、年龄越老，汉武帝刘彻越来越专心两件事：担心自己开创的伟大功业被人家“窃取”，因此加紧控制，重用很多酷吏与特务；挂心自己的生命有一天将逝去，不惜代价追求长生不老，却一再被术士欺骗，因而变得疑神疑鬼。

皇后卫子夫生太子刘据。刘据秉性仁厚，与父亲的严厉作风截然相反；刘据也常劝谏父亲不要大动干戈征讨四方，不要严刑峻法统治。武帝笑着对他说：“由我来承担艰困，由你来享受安乐，难道不好吗？”事实上，刘彻对儿子的仁厚并无不满，可是朝中的“酷吏帮”却不喜欢他。

另一方面，刘彻宠爱一位年轻的姬妾钩弋夫人，生皇子刘弗陵，刘彻对这个幼子极为疼爱。甚至因为这个儿子是钩弋夫人怀胎十四个月才生下来，而传说尧也是在胎中十四个月才生，因此将钩弋宫门命名为“尧母门”。这个动作使得卫子夫母子的危机感加重，等到大将军卫青逝世，皇后与太子又失去一个靠山。“酷吏帮”因为深恐将来太子即位后会被冷冻，于是开始设计对付太子。

武帝年纪大了，晚上睡不好，白天常小睡，曾经梦见被数千个木偶攻击，经常精神恍惚，很多事过目即忘。

一位绣衣使者（负责监察皇族的特务）江充，曾经法办过太子宫官员，更拒绝了太子关说，自认为与太子已结下怨恨，于是决定利用武帝的梦境，进行一项针对太子的阴谋。

江充向武帝说："陛下的病，恐怕是巫蛊作祟。"武帝命他进行调查。

江充拿着鸡毛当令箭，掀起一股腥风血雨。他率领一批胡巫（异族巫师），宣称有能力看见鬼，到处挖掘土地、翻找木偶，逮捕涉嫌放蛊与利用夜间祭祀的人。对被捕者施以酷刑，用烧红的铁钳灼烧皮肉，以此取得口供。在哀号声中，人民相互诬告"同党"，从京师（长安城）、三辅（大长安地区）到各郡国，株连数万人，形同一次全国性大恐慌。

这就是有名的巫蛊之祸。江充的目的并不是要搞白色恐怖，而是利用恐怖手段造成时势，造势成功后，皇帝相信巫蛊是一个全国性祸害了，他才将矛头转向皇后与太子。

但是，汉武帝可不是很好蒙骗的老板，若皇帝人在长安宫中，很容易查明真相。因此江充趁着武帝出游甘泉宫（皇帝别宫，位在长安城北）时，到皇宫中翻掘土地，然后宣称："在太子宫掘得木偶特别多，还有一些写在绸缎上的文字（帛书），内容大逆不道。"并且立即派人飞报皇帝。

在心慌意乱之下，太子刘据采纳了太子少傅石德的建议，逮捕并亲手杀了江充，将那些胡巫都拖到上林苑中烧死。

接下去就是一场糊涂战斗：汉武帝亲自率军"平乱"，而"造反"的太子刘据则兵败逃亡，一直逃到湖县（今河南省境内），被地方官派兵围捕，自缢在房中。

在这一场大乱之中，有人密告："丞相夫人与贰师将军李广利一同搞巫蛊，打算拥立李夫人生的儿子刘髆。”经查确有其事，于是逮捕李广利全家，李广利后来兵败投降匈奴后，全家被杀。

太子自杀了，武帝必须立一个新太子。钩弋夫人生的皇子刘弗陵是当然人选，可是转念想到此子年幼，母亲又年轻，因而迟疑不决。汉初已有吕后的“人彘”惨剧，武帝自己又从小受祖母窦太后的压制，若未来钩弋夫人娘家兄弟弄权，自己经营数十年的伟大帝国，可能因而陷入内乱。

过了几天，武帝找了一个理由，对钩弋夫人大发脾气。钩弋夫人吓得脱下头饰、耳环（披头散发）跪下叩头。

武帝吩咐侍卫：“拉出去，关进宫廷监狱。”

钩弋夫人这才发觉事态严重，在被拉到门口时，回头以哀怨眼神乞求。

武帝说：“快走吧！你不可能活了。”

钩弋夫人最终在狱中被赐死。

【原典再现】

后数日，帝谴责钩弋夫人，夫人脱簪珥①，叩头。

帝曰：“引持去，送掖庭狱②。”

夫人还顾，帝曰：“趣行③，汝不得活。”

卒赐死。

——《资治通鉴·汉纪十四》

① 簪：音“zān”，玉器头饰。珥：音“耳”，玉器耳饰。
② 掖庭狱：宫廷监狱。
③ 趣：读音“促”，催促。趣行：快走！

过了一阵子，他问左右："外界对这件事有什么批评吗？"

左右回答："人们看不懂，既然决定立她的儿子为太子，又为什么杀了太子的亲娘？"

武帝说："这中间的道理，不是你们这些蠢蛋小子能够理解的。自古国家的乱源，多是由于君王年幼而母亲青春正盛。女人当国而寡居禁宫，既容易因权力集中而骄傲放纵，而且会淫乱而不能自制，没有人可以禁止她。你们忘了吕后的事情吗？所以我不得不先下手将她除去啊！"

汉武帝说得很对，但却不是全部。帝国的威胁除了"子少母壮"之外，还有"强枝弱干"（记得七国之乱吗？），所以他必须再做一层安排。

10．托孤大臣：“可怕”的三个人

刘弗陵年才数岁，可是身材较同年龄幼童来得壮且大，而且非常聪明。汉武帝在处决钩弋夫人之前，已经做了一个安排：为刘弗陵设置辅政大臣，辅佐他对抗强大诸侯挑战皇位。

武帝相中的人选是奉车都尉、太中大夫霍光。霍光是霍去病的异母弟，也跟霍去病一样，叫卫青一声舅舅，算是皇室的亲戚。

武帝相中了霍光为身后托孤大臣，吩咐黄门（禁宫侍从）画一张“周公负成王朝诸侯”图赐给霍光。意思很明显，希望霍光能效法周公辅佐周成王——抱着幼小天子接受诸侯朝见。

处决钩弋夫人之后，汉武帝心事已了，病情转趋严重，病榻之旁有两个人：霍光与金日磾。霍光流着眼泪，再做最后确认：“陛下万一有个三长两短，该传位给谁？”

刘彻说：“你难道还不懂我赐你那幅画的用意吗？立我最小的儿子为帝，由你扮演周公角色。”

霍光叩头谦让说：“我不如金日磾。”

金日磾则说：“我是个外国人，不如霍光。若由我辅政，将使匈奴轻视汉朝。”

刘彻下诏立刘弗陵为太子（八岁），任命霍光为大司马大将军，金日磾为车骑将军，太仆上官桀为左将军，三人接受遗诏，共同辅佐幼主。又任命搜粟都尉桑弘羊为御史大夫（相当副丞相），都在病榻前受命就职。

这是历史上有所谓“顾命辅政大臣”的起始，也是西汉第一次有大司马大将军这个职称。后来的一千多年历史当中，只要出现“顾命大臣”，就意味着小皇帝必须面对权臣。

霍光出入皇宫二十余年，为人严谨、守分寸。宫廷侍卫曾经私下观察他每天出入、上下殿门时，脚踏的位置，不差尺寸——好可怕的一个人。

金日磾是匈奴休屠王的儿子，在汉武帝左右二十年，目不斜视（不曾偷瞄宫女）。皇帝赏赐给他的宫女，他碰都不碰；皇帝要收他的女儿为姬妾，他也不同意。他的儿子是刘彻的玩伴，曾经跟宫女打情骂俏，被金日磾看到，竟杀了他的儿子——又一个可怕的人。

【原典再现】

（霍）光出入禁闼[①]二十余年，出则奉车，入侍左右，小心谨慎，未尝有过。为人沉静详审，每出入，下殿门，止进有常处，郎、仆射窃识视之，不失尺寸。

（金）日磾在上左右，目不忤[②]视者数十年，赐出宫女，不敢近；上欲内[③]其女后宫，不肯；其笃慎如此，上尤奇异之。

——《资治通鉴·汉纪十四》

① 闼：音“踏”，门。禁闼：禁宫之门。
② 忤：逆。忤视：斜眼看人。
③ 内：同“纳”。

上官桀有勇力，担任羽林郎（禁卫军）时，皇帝前往甘泉宫，大风忽起，车队不能前进。上官桀臂力强壮，虽在大风之中，仍高举黄绫伞盖，不离御车，忠心耿耿。

这三人都不是朝廷大臣，却是汉武帝的亲信当中，最可靠的三位。然而，一旦成为幼主的辅政大臣，他们的地位一下子就到了丞相与九卿之上，于是文官制度就乱了。

问题在于，刘彻不信任由丞相辅佐小儿子，也不信任钩弋夫人听政。所以他任命亲信中最忠心可靠的三人，赋予军权（大司马大将军、车骑将军、左将军）以镇压文官体系，另外任命他的“兴利之臣”当中，最有能力的桑弘羊为御史大夫，组成“托孤三加一”组，掌握了兵权与财政，足以压制文官体系。

做完接班布局，一代雄主汉武帝刘彻就“崩殂”了，八岁的刘弗陵即位，是为汉昭帝，三位辅政大臣“领尚书事”——“尚书”就是皇帝的文书，也就是说，大政方针都由他们决定，丞相、御史大夫、太尉等三公都无实权。

11. 霍光大权独揽：第一个权力大过皇帝的权臣

汉昭帝刘弗陵年纪实在太小，汉武帝六十多岁才生下这个小儿子，在那个年代也确实太老，因此民间传闻不断。

有一名男子，乘着黄毛小牛犊拉的车，到了未央宫北门（正门向南，官员奏事、求见都在北门），自称是“卫太子”——皇后卫子夫生的儿子刘据，当年他因巫蛊之祸在逃亡途中自杀，有关他仍然在世的传言不绝。

官员赶紧上报，皇帝（其实是三摄政）下诏集合三公、将军、部长级以上官员共同辨识。京城长安人民闻风而至，看热闹的有数万人。右将军亲自指挥军队镇守现场，以防突发事件——如此群众规模与官方戒备规格，更显示幼年皇帝的正当性的确受到质疑。

奉命前来辨识的高级官员，包括丞相、御史大夫及九卿（部长级大员）、将军等，一个都不敢发言——因为不知道背后是不是有一个大阴谋，这种时刻若发言不慎，以后恐因“政治不正确”而获罪。

京兆尹（京师最高行政首长）隽不疑最后赶到，一到就下令逮捕那个男子。有人劝他：“还不能确定是不是真太子，先不要造次吧！”

隽不疑说：“各位为什么要顾虑他是不是卫太子呢！……卫太

子得罪先帝（武帝），逃亡在外，即使没死，现在来也只当是犯人自首而已！”于是将之押送“诏狱”（收押特殊身份人士的监狱）。

民间传闻不断，有野心的强藩当然会加以利用。刘姓诸王当中，最年长的燕王刘旦就蠢蠢欲动。

太子刘据涉入巫蛊之祸，兵变失败身死时，燕王刘旦自以为他最年长，顺位在前，于是上书请求到长安“宿卫”，这摆明了是想“守株待兔”。武帝当时正在为太子造反而心痛、疑惧，看到又一个儿子露骨表态，志在大位，勃然大怒，下令将送信来的燕国使者，就在宫阙之下斩首。

【原典再现】

有男子乘黄犊[①]车诣北阙[②]，自谓卫太子；公交车[③]以闻。诏使公、卿、将军、中二千石杂识视。长安中吏民聚观者数万人。右将军勒兵阙下以备非常。丞相、御史、中二千石至者并莫敢发言。

京兆尹不疑后到，叱从吏收缚。或曰：“是非未可知，且安之！”

不疑曰：“诸君何患于卫太子！……卫太子得罪先帝，亡不即死，今来自诣[④]，此罪人也！”遂送诏狱。

——《资治通鉴·汉纪十五》

① 犊：小牛。
② 阙：宫门。
③ 公交车：皇宫收发处。
④ 自诣：主动投案。

武帝崩逝，昭帝继位。燕王刘旦当然不服气，于是联络齐王刘泽，想要搞叛变。他给了刘泽一个说法：“我什么时候出现了如此年纪的弟弟？怎么可能？我怀疑，现在继位的这小子，是大将军（霍光）的儿子。”

消息传到长安，霍光派人前往安抚，刘旦乃暂时不动。但却引起另一位摄政大臣上官桀跟他的儿子的注意，想要利用燕王夺权。

三位摄政大臣，金日磾才一年多就去世了，另外两位以霍光为首，上官桀为次。他俩交情甚笃，之前就已结为儿女亲家，霍光的女儿嫁给上官桀的儿子上官安，生了一个女儿，年方五岁。而上官安认为，自己的女儿（也是霍光的外孙女）嫁给十一岁的皇帝很适合，就积极游说丈人霍光，可是霍光不答应，上官安于是转向他人。

盖长公主（皇帝的姑妈）守寡，与一个名叫丁外人的男人私通。上官安与丁外人有私交，于是游说丁外人：“我的女儿，容貌端正，若蒙长公主的帮助当上皇后，我们父子在朝廷主政，又有皇后为内援，权力将无可动摇。这件事成或不成，全看你一句话。”

上官安言之成理：他的父亲、岳父都是摄政大臣，他若成了皇帝丈人，真的可以权倾天下。

丁外人被上官安打动了，积极游说盖长公主，长公主游说皇帝，下诏封上官安的五岁女儿为婕妤（后宫第一级），来年，上官婕妤再封为上官皇后，上官安则封为桑乐侯。

这下子，上官安可得意了。每次在皇后宫宴饮回家，常常对宾客炫耀：“今天又跟我的女婿喝酒，真是快乐呀！”

当了皇帝的丈人，上官安起了野心，开始积极串联，结合长公主、丁外人，以及御史大夫桑弘羊，再用力拉拢燕王刘旦，结成一个反霍光集团。

刘旦满心以为这是大好机会，自己可以当皇帝了，派出一批又一批的密使，带着大量金银财宝前往长安活动。并在上官桀的指点之下，上书控告霍光，说他“外出仪仗、规格如皇帝出巡，为所欲为，恐有‘非常’行动”。

上官桀趁霍光休假时，将燕王奏章送呈汉昭帝刘弗陵。一等小皇帝交下查办，他跟桑弘羊就立即逮捕霍光，并迅速处决。孰料，昭帝收下奏章，却搁下不处理。

第二天，霍光上朝，听说有这件事，就留在“画室”，不进入大殿。

昭帝问：“大将军呢？”

【原典再现】

明旦，光闻之，止画室①中不入。上问：“大将军安在？”左将军桀对曰：“以燕王告其罪，故不敢入。”有诏：“召大将军。”光入，免冠、顿首谢。上曰：“将军冠！朕知是书诈也，将军无罪。”光曰：“陛下何以知之？”上曰：“将军之广明②都郎，近耳；调校尉③以来，未能十日，燕王何以得知之！且将军为非④，不须校尉。”是时帝年十四，尚书、左右皆惊。

——《资治通鉴·汉纪十五》

① 画室：大臣等待召见的房间。经常就在这里画策，因此称画室。
② 广明：京师戍卫军营，皇宫侍卫（郎）在此受军训。
③ 校尉：卫戍部队的指挥官。
④ 为非：意指叛变。

左将军上官桀回答："因为燕王告他状，所以不敢上殿。"

昭帝下诏："召大将军。"

霍光进殿，脱下官帽，叩头请罪。

昭帝说："将军请戴上官帽。我知道这份奏章所言不实，你没有罪！"

霍光说："陛下怎么知道的呢？"

昭帝说："你去校阅广明营军队，是这两天的事情，你调动校尉还不到十天，燕王怎么会知道？（相当今天西安到北京的距离，以当年条件，绝无可能）况且，将军若真的企图发动政变，根本不需要动员校尉。"

那一年，汉昭帝刘弗陵才十四岁，说出这一番道理，令在场大臣与官员都为之惊异。

反霍光集团"文斗"失败，决定改采"武斗"。由盖长公主设宴邀请霍光，预备在现场伏兵，格杀霍光，然后废昭帝，迎立燕王刘旦。

【原典再现】

安又谋诱燕王至而诛之，因废帝而立桀。或曰："当如皇后何？"安曰："逐麋之狗，当顾菟①邪！且用皇后为尊，一旦人主②意有所移，虽欲为家人亦不可得。此百世之一时也！"

——《资治通鉴·汉纪十五》

① 菟：同"兔"。
② 人主：皇帝。

但这是他们告诉刘旦的版本，事实上，上官安的计划是：事成之后，杀刘旦立上官桀为帝。有人问他："那皇后怎么办？"上官安说："猎狗追逐麋鹿时，哪还顾得到兔子？如果只以皇后外戚为满足，哪天皇帝移情别恋，我们连皇帝家人都当不成了。现在可是百世难遇的大好机会，绝不能错失！"

刘旦却为此兴奋不已，联络各地英雄豪杰千余人，武装待命。承诺事成之后，封上官桀为王。燕国宰相"平"（姓不详）劝谏："上次与齐王刘泽合谋，事情未发动，消息已走漏，这次恐怕故事重演。而且，即使成功，他们（上官父子）又会背叛你。"

刘旦根本不想听这种话，说："前些时候，有一男子自称卫太子，长安城人民归心，显示当今皇帝不得人心。我是先帝长子，天下共知，怎么会有人反对？"下令群臣准备行装，随时出发。

然而，消息还是走漏了，盖长公主家的一个收租员向谏大夫杜延年告密，杜延年迅速报告霍光。霍光反应迅速：由皇帝下诏，命丞相田千秋逮捕上官父子、桑弘羊、丁外人，全部族诛，盖长公主自尽。

燕王刘旦问平："大事已败，要不要出兵？"平说："上官桀已死，天下皆知，发兵无益。"刘旦与臣僚、姬妾饮酒诀别，自尽而死。

从此，霍光大权独揽。汉武帝刘彻机关算尽，杀了钩弋夫人，避免了太后、外戚干政，却因此造就了第一个权力大过皇帝的权臣。

12. 权臣废立皇帝：长安狱中的“天子气”

汉昭帝在位十三年去世，享年才二十一岁。他事实上没真正执行过皇帝的职权，起先是三摄政决定，后来是霍光一人决定。

然而，昭帝死了却成为霍光的最大危机——理论上，他的辅政大臣任务应该就此解除了。可是汉昭帝没有子嗣，又没有太后（钩弋夫人被武帝赐死），而国不可一日无君，于是立新君的责任又落在霍光肩上。

新皇帝当然得在武帝的儿子当中选择，霍光最后决定立昌邑王刘贺为帝，由上官皇后（十五岁，霍光的外孙女）降诏，派出七乘传（传，四匹马拉的大车）迎接，这比当年迎立汉文帝的阵仗还多一乘。

上官皇后征召昌邑王入继大统的诏书抵达昌邑国的时候，刚刚天黑不久，王宫为此燃起火烛，拆封宣诏。

隔天中午，昌邑王刘贺就迫不及待地往长安出发了。傍晚抵达定陶（今山东、河南交界），已经奔驰一百三十五里，连续六小时不休息，侍从人员的马匹相继累死，一路都是马的尸体。

如此猴急的刘贺，马不停蹄奔到长安，接受玉玺，成为西汉第九任皇帝，尊十五岁的上官皇后为皇太后。然后下令，将原来昌邑国的官吏都调到长安，有些甚至立即擢升为高官，陪着皇帝每天饮酒作乐，或到御花园搏虎斗豹，君臣一同乘上皮轩（前导车）、打起九旒（大旗）在宫内奔驰……

霍光与长安的大臣这才见识到新皇帝的“狂纵”行径，当时还在为先皇服丧期间，霍光在吃惊失望之余，下定决心终止这个错误，决定罢黜这个昏君。

这个决定由霍光亲信田延年告知丞相杨敞，杨敞听到要罢黜皇帝，吓得语无伦次、汗流浃背。

田延年去上洗手间，杨敞的太太由东厢进来，对杨敞说：“如此国家大事，大将军已经决定了，派九卿（田延年为大司农，九卿相当今天部长级）来通知你，你若不即刻表明与大将军同一阵线，还在犹豫不决，我们全家可要先被杀了。”说完，田延年刚好洗手回来，杨夫人对田延年说：“一切遵奉大将军指令。”

【原典再现】

既定议，乃使田延年报丞相杨敞。敞惊惧，不知所言，汗出洽[①]背，徒唯唯而已。延年起，至更衣。敞夫人遽从东厢谓敞曰：“此国大事，今大将军议已定，使九卿来报君侯，君侯不疾应，与大将军同心，犹与[②]无决，先事诛矣！”延年从更衣还，敞夫人与延年参语许诺：“请奉大将军教令！”

——《资治通鉴·汉纪二十四》

① 洽：同“浃”。
② 犹与：犹豫。

与丞相“沟通”完成，霍光召集大夫、博士以上官员，宣布这个决定。全体官员顿时成了一群木鸡，没有一个人敢发言。

田延年见状，手按剑柄，大声说：“先帝（武帝）将孤儿（昭帝）托付给将军，就是交付安定刘氏天下的重责大任。如今一小撮狐群狗党闹得太不像话，万一搞垮了国家，将军有何面目见先帝于地下？今日会议一定得有定论，哪个有所迟疑，立即格杀。”

霍光向百官道歉：“九卿责备我的话是对的，天下骚动，我该受罚。”

田延年与霍光，一个唱黑脸，一个唱白脸。那些文官只有被操弄的分，于是全体一致支持霍光。

霍光乃率领百官，朝见上官太后（霍光的外孙女），太后下令召见皇帝，当场宣布废黜刘贺，送他回昌邑，但不再是国王，只保留他的食邑——刘贺只当了二十七天皇帝！

霍光必须赶紧再立一个新皇帝。有过刘贺的惨痛教训，他不敢再从外藩当中挑选，这时候，出现了一个“皇曾孙”。

当初，武帝的太子刘据宫中有一个史良娣（良娣，地位仅次于太子妃），生了个儿子刘进，人称“史皇孙”。刘进妻子生个儿子刘病已，称“皇曾孙”。才生下几个月，就因巫蛊案被收押在大鸿胪（主管皇帝事务）的邸狱，母亲已问斩。

当时的廷尉监（典狱长）丙吉同情这位皇曾孙，专门派了两名女犯负责喂奶，并将他安排在地势较高的牢房（比较不潮湿），每隔一天都会亲自去探视一次。

巫蛊案拖了好几年，汉武帝当时生病，经常前往郊区离宫休养。有一位“望气”法师说：“长安狱中有‘天子气’。”武帝才经历太子谋反，于是下令将长安狱中所有囚犯一律诛杀。

禁宫侍从长郭穰于深夜到邸狱执行这项诛杀令。丙吉拒绝开门，说："皇曾孙在狱中，任何无辜者都不该被处死，何况陛下的亲曾孙？"

相持到天亮，丙吉毫不退让，郭穰回宫告状，说丙吉居然抗诏。这时武帝蓦然有所悟，说："此乃天意。"于是下诏大赦天下。而长安所有监狱的犯人都已处决，只有邸狱的犯人因丙吉的坚持，得以活命。

就在霍光、张安世等大臣为皇帝继任人选大伤脑筋时，丙吉上书霍光，推荐刘病已。霍光认为这个人选极好：没有娘家、没有属国群臣、没有兄弟，易于控制，于是由上官太后降诏，立为天子。那一年，刘病已十八岁，是为汉宣帝。

连续迎立新帝、废帝，又立新帝，为汉朝政治开了"权臣可以废立皇帝"的例子（先前只有吕太后废前少帝，立后少帝）。

13. 鸩杀皇后：两次毒杀，一朝败落

汉宣帝即位，封配偶许平君为婕妤，而霍光的妻子“显”（娘家姓氏不详，以下为方便称她“霍显”），一心想要将女儿霍成君嫁给刘病已当皇后。宣帝很有智慧，下诏“寻找我卑贱时遗失的一把剑”，暗示不忘旧情，立即有大臣上书，建请晋封许平君为皇后，宣帝欣然批准（成语“故剑之思”语出此典）。

可是霍显仍然寻求每一次机会。

机会终于来了，皇后许平君再次怀孕（平民时已生一个儿子刘奭。奭，音“是”），女医淳于衍曾经入宫为皇后看病，而淳于衍又受过霍家很多照顾。这一次皇后又召淳于衍入宫，淳于衍的丈夫要她先去拜访霍显，伺机为他讨一个安池总管（安池产盐，大肥缺）。

淳于衍去拜访霍显，霍显紧抓这个机会，摒开左右，直呼淳于衍小名，说：“少夫，你老公的事包在我身上，可是我也有一事相求，可以吗？”

淳于衍：“夫人尽管吩咐，我无不听命。”

霍显：“大将军最宠爱小女儿霍成君，有心让她超级大贵（当皇后），这件事全靠你了。”

淳于衍（愕然）：“我有什么力量？”

霍显："女人生产，与鬼门关只隔一纸，十死一生。如今皇后即将分娩，只要你给药时加点'料'，神不知鬼不觉，成君就当上皇后了。如果因你而成功，荣华富贵无可估计，少夫，我们一同享用！"

淳于衍："皇后的汤药，必须由宫女先尝，怎么办得到？"

霍显："少夫，我相信你一定有办法的。你别怕，大将军权倾天下，谁敢啰嗦？任何状况都有大将军护着，就看你愿不愿意去做而已。"

是的，大将军权倾天下，淳于衍哪有"不愿意"的空间？大将军夫人既然开了口，若是拒绝，眼前就是灾祸。她犹如被送上了虎背，下不来了，只能答应："愿意尽力。"

淳于衍将附子（草本，根部有剧毒）捣碎，携入长定宫（皇后宫），将之掺入太医搓制的药丸，让皇后服下。

许平君服药之后，说："我的头皮发麻、脑袋沉重，莫非是药中有毒？"

淳于衍说："怎么可能？"

接下去，毒性更加发作，不久就死了。

这可是天大的事，汉宣帝下令将全体御医逮捕入狱，追究他们的责任。虽然并未怀疑是下毒，但即使是照顾皇后不尽心的罪名，恐怕也脱不了死罪。

霍显担心淳于衍会讲出来，只好把情形告诉霍光。霍光顿时陷入困境，难以处理。刚好廷尉奏报结案，霍光乃在奏章上加注"淳于衍无责任"，乃得释放，也因此危机未爆发。

而霍成君也"乘虚而入"，被送进了皇宫。来年，就被封为皇后。但是，这也是霍氏一族的顶峰，之后可以说是急速由高峰跌落谷底。

【原典再现】

会许后当娠，病，女医淳于衍者，霍氏所爱，尝入宫侍皇后疾。衍夫赏为掖庭户卫，谓衍："可过辞霍夫人，行为我求安池监。"

衍如言报显，显因心生，辟①左右，字谓②衍曰："少夫幸报我以事，我亦欲报少夫，可乎？"

衍曰："夫人所言，何等不可者！"

显曰："将军素爱小女成君，欲奇贵③之，愿以累少夫！"

衍曰："何谓邪？"

显曰："妇人免④乳，大故，十死一生。今皇后当免身，可因投毒药去也，成君即为皇后矣。如蒙力，事成，富贵与少夫共之。"

衍曰："杂治，常先尝，安可？"

显曰："少夫为之耳。将军领天下，谁敢言者！缓急相护，恐少夫无意耳。"

衍良久曰："尽力！"即捣附子，赍入⑤长定宫。

皇后免身后，衍取附子并合大医大丸以饮皇后，有顷，曰："我头岑岑也，药中得无有毒？"对曰："无有。"遂加烦懑⑥，崩。

——《资治通鉴·汉纪十六》

---

①辟：通"避"。辟左右：摒开左右。
②字谓：称对方的字，以示亲近。
③奇贵：超级"贵"。男子奇贵为皇帝，女子则为皇后。
④免：同"娩"。
⑤赍入：偷偷带进去。
⑥懑：心闷。

转折点是霍光去世，汉宣帝追赠他宣成侯，为他起高冢，墓园管理设置三百户（园邑，功能同食邑），这三百户永远免除赋税。

自此，汉宣帝开始亲政，并且封儿子刘奭为太子，任命丙吉为太子太傅。

这件事令霍显大为气愤，为此拒绝吃饭，以致呕血。她说："那个种（刘奭）是老百姓时生的儿子，怎么有资格当太子？将来若皇后（霍成君）生了儿子，难道反而只能当个封国的王？"

于是，老娘让皇后女儿毒杀太子。霍成君依老娘指示行事，好几次召唤太子到皇后宫，喂他食物。可是太子的保姆、奶妈很机警，凡皇后赐食，她们都先试吃。皇后袖中藏着毒药，却始终没机会喂给太子。

太子的保姆为何如此谨慎小心，猜想有受到过警告。易言之，汉宣帝刘病已对许皇后的死，心中是存在疑惑的，只不过无法证实而已。

宣帝亲政以后，着手削夺霍氏家族的军权：将霍光的三个女婿、一个姐夫、一个孙女婿由禁卫军职务外调为郡太守或高级文职官，军政大权转移到张安世身上。

霍氏家族为此而恐慌，有人提出："请太夫人（霍显）命皇太后（上官太后）下诏，先杀了丞相与平恩侯（许皇后之父许广汉），再换掉皇帝。"这个馊主意当然不可能实行，却有一位寄居马厩的人听到马夫闲话，提出检举。皇帝虽然不追究，但霍氏族人却越加恐慌，居然认真阴谋要废帝。

可是，此时可不比霍光在世之时，密谋不但很快泄露，廷尉的逮捕行动也很快。接下来，霍家几位要角，有的自杀，有的砍头或腰斩，亲族数十家全部诛杀，皇后霍成君也被罢黜——霍光血脉唯一没事的，是上官太后。

14．五日京兆：司法公正最重要

汉宣帝小时候吃过很多苦头，又在民间长大。因此，他的作风是非常体贴老百姓的。他常常说："要老百姓能够安于生活、安土重迁，而不生民怨，最要紧就是行政公平、司法公正。能与我一同完成这个目标的，就是'良二千石'了。"

二千石，是郡太守与封国相的俸禄。西汉行郡国双轨制，二千石就是地方政府的最高行政首长，相当台湾今天的县市长。

宣帝物色"良二千石"更能摒开朝廷的派系（因为他没有包袱）。例如之前昌邑王刘贺带来长安的龚遂，几乎是刘贺身边唯一"忠言逆耳"的亲信，肯定是个好官，但因为被归为"昌邑帮"，而不被霍光集团接纳。

当时渤海郡闹饥荒、盗贼横行。有人推荐龚遂，宣帝召见龚遂，与他讨论施政方向之后，任命他为渤海太守，后来龚遂也因考绩上等而调升，回京担任水衡都尉（九卿之一，部长级）。

代表宣帝时期大臣的负责态度的是张敞。

张敞担任京兆尹时，发生"杨晖大逆案"。张敞跟杨晖颇有私交，杨晖被处死之后，许多人就落井下石，那些奏章、封事都被搁下不处理。山雨欲来风满楼，张敞的京兆尹眼看即将不保。

此时，张敞命一名官吏絮舜查一个案，絮舜不理会他，对同僚说："他这个京兆尹最多再干五天，还查什么案？"然后就回家睡觉。

张敞听到这话，命手下逮捕絮舜，日夜审问，判他死刑。行刑之前，张敞派主簿（相当主任秘书）送一张字条给絮舜："五日京兆的威力如何？冬季已尽，想要活命吗？"推想絮舜并未求饶，所以最终被处决。

立春（冬天之末）那天，廷尉的"行冤狱使者"出巡，接受人

【原典再现】

帝兴于闾阎[①]，知民事之艰难……常称曰："庶民所以安其田里而亡[②]叹息愁恨之心者，政平讼理也。与我共此者，其唯良二千石乎！"

——《资治通鉴·汉纪十六》

敞使掾[③]絮舜有所案验[④]，舜私归其家曰："五日京兆耳，安能复案事！"

敞闻舜语，即部吏收舜系狱，昼夜验治，竟致其死事。

舜当[⑤]出死，敞使主簿持教[⑥]告舜曰："五日京兆竟如何？冬月已尽，延命乎？"乃弃舜市[⑦]。

——《资治通鉴·汉纪十九》

---

① 闾阎：里门。指庶民居住区。
② 亡：通"无"。
③ 掾：音"院"，属官。
④ 验：检查。
⑤ 当：将要。
⑥ 教：字条。用法如"教条"。
⑦ 弃市：在市场公开斩首。

民陈情。絮舜的家属抬着尸体，向使者出示张敞的字条陈情，使者乃弹劾张敞“滥杀无罪”。宣帝不愿杀张敞，只将他免为庶人。张敞缴出京兆尹官印，随即离开长安（任内六亲不认，怕被仇家追杀）。

几个月以后，京城（长安）吏治松弛，不时听到追捕盗匪的警鼓。京师之外，冀州的治安最坏，巨盗横行。宣帝于是想到张敞的能力，就派使者去宣召张敞。

张敞的妻子、家人听说皇帝使节来，哭成一片。张敞却笑着对他们说：“我现在是个亡命的庶人，要抓我治罪，由郡政府派个小吏来就够了。如今来的是使者，那是天子要再起用我啊！”

果然，宣帝任命他出任冀州刺史——刺史俸禄只有六百石，比京兆尹二千石差一截，但有权弹劾太守。

总之，汉宣帝时代出的好官吏最多，宣帝为褒扬辅佐他的功臣，就派人将十一位功臣画像在未央宫麒麟阁的墙上。这十一人是：霍光、张安世、韩增、赵充国、魏相、丙吉、杜延年、刘德、梁丘贺、萧望之、苏武。

15．苏武牧羊：紧握节杖

前章麒麟阁功臣名单中，不是宰相，就是名将，唯独一人官位不高，他就是苏武。

苏武是汉武帝时代与匈奴交战期间，短暂的一次和解时，汉朝派去的使节。

使节团到了匈奴，一天夜里，来了一位客人名叫虞常，曾经投降汉朝，又投降匈奴。虞常与副使张胜过去颇有私交，他对张胜说："听说汉帝非常怨恨卫律（汉降将，匈奴封为丁灵王），我可以派伏兵射杀他。我的母亲与弟弟仍在汉朝，希望汉帝能给予他们赏赐。"

张胜给了虞常承诺（赏赐其母、弟），但是阴谋外泄，且鞮侯单于扑灭了叛军，下令由卫律主持审讯。

张胜得知情况，乃向苏武报告，他曾参与密谋。苏武说："事已至此，必定追及于我。如果受到匈奴凌辱再死，那可是双重辜负国家。"准备自杀，但为张胜、常惠等人制止。

案情果然牵出了张胜，单于派卫律召苏武谈话，苏武对常惠等人说："让皇帝的符节受辱，纵使得生，有何面目回到汉朝？"抽出佩刀自刺。

卫律见状大惊，亲自抱起苏武，派人飞驰去找医生。匈奴的医生在帐中地上挖了一个土坑，置入煴火（无火焰的火堆），将苏武放到火坑上，践踏他的背，让他的瘀血流出。苏武原本已经气绝半日，经过这番草原民族特殊的急救，才又苏醒过来。常惠等人既感动又害怕更羞愧，用轿子将苏武抬回营地，一路激动哭泣。

且鞮侯单于钦佩苏武的壮烈，早晚派人问候，更希望苏武能向他投降，可是苏武宁死不屈（张胜与常惠等人都投降了）。

且鞮侯单于决定对苏武施以压力，将他囚禁在一个空粮仓，断

【原典再现】

单于使卫律召武受辞[①]。武谓惠等："屈节辱命，虽生，何面目以归汉？"引佩刀自刺。

卫律惊，自抱持武，驰召医，凿地为坎，置煴火，覆武其上，蹈其背以出血。武气绝，半日复息。惠等哭，舆归营。

……

单于愈益欲降之，乃幽武置大窖中，绝不饮食；天雨雪，武卧，啮[②]雪与旃[③]毛并咽之，数日不死。

匈奴以为神，乃徙武北海[④]上无人处，使牧羝，曰："羝乳[⑤]乃得归。"

——《资治通鉴·汉纪十三》

① 受辞：接受问话。
② 啮：音"镍"，以牙齿咬物。
③ 旃：音"沾"，原指曲柄的旗子，苏武所持"节"为曲柄。
④ 北海：大漠中的大湖，或谓即今贝加尔湖。
⑤ 羝：音"低"，公羊。羝乳：意指"公羊生小羊"。

绝他的饮食。当时天降大雪，苏武卧在窖中，将皮衣上的毛和着雪当食物吞食，几天下来居然没饿死。单于再将他放逐到绝无人烟的北海，也就是今天西伯利亚的贝加尔湖畔，要他放牧一群小公羊，并说："公羊哪天有了乳汁，才放你回去。"——母羊生小羊后会出乳汁，但公羊……

苏武在北海牧羊，粮食不继，就挖掘野鼠洞中贮藏的草实为食。每天一起床就紧握汉武帝给他的那根节杖不离手，节上的毛已脱落殆尽。

且鞮侯单于听说汉朝降将李陵与苏武私交甚笃，就派李陵去北海劝降苏武。

李陵到了北海，对苏武说："你的两位兄弟都因牵连到司法案件而自杀；我出征之前，太夫人（苏武的母亲）已经仙逝；你的妻子还年轻，听说已经改嫁；仅有两个妹妹和一个儿子，十多年过去了，存亡也不可知。你纵使回到汉朝，也没有什么亲人了，人生如朝露般快速消逝，何必如此虐待自己呢？单于一片诚心待你，咱兄弟俩同享富贵，不好吗？"可是，苏武不为所动，甚至以死相胁，李陵无功而返。

时光飞逝，汉武帝死了，且鞮侯单于也死了，汉朝与匈奴各有内忧，暂时休兵，出现短暂的和平。汉朝的和亲使者向匈奴讨还苏武，可是匈奴坚持苏武已经死了。

苏武当年使节团成员之一的常惠让汉使对匈奴单于说："汉朝天子在上林苑打猎，射下一只鸿雁，雁足上系了一封信，是苏武亲笔所写，说他在某个大泽之畔。"

汉使将这番话对单于说了，单于大惊，表示苏武确实仍在，放苏武归汉，前后十九年。

汉宣帝亲政，一心想要恢复武帝时的盛世，对武帝时代的老臣非常礼遇，赐给苏武“祭酒”的称号，每个月初一、十五上朝，丞相丙吉以次，都对他非常敬重。

苏武只是前朝老臣，之所以被加入“中兴功臣图像”之列，乃因为汉宣帝有一项超越汉武帝的功业：南匈奴内附。

【原典再现】

常惠私见汉使，教使者谓单于，言：“天子射上林[1]中，得雁，足有系[2]帛书，言武等在某泽中。”

使者大喜，如惠语以让[3]单于。单于视左右而惊，谢汉使曰：“武等实在。”乃归武。

——《资治通鉴·汉纪十五》

① 上林：上林苑，西汉皇帝的猎场。
② 系：系。
③ 让：质问。

16．王昭君：仇恨与遗恨

汉武帝时代的北方大敌匈奴，在汉昭帝时代分裂，到汉宣帝时代甚至出现过“五单于分立”，最后成为南北对立，北匈奴郅支单于与南匈奴呼韩邪单于势不两立的局面。

郅支在一次战役中击败呼韩邪，掌控了自冒顿单于以来的王庭（都城），几乎就要完成统一大业。呼韩邪的股肱左伊秩訾王提出建议：“不如归顺汉朝，求得援兵，才有力量‘平定内乱’（郅支同样称呼韩邪为“乱贼”）。”

呼韩邪征询大臣意见，诸大臣一致反对，说：“绝对不可。匈奴人的价值观一向是崇拜英雄、鄙视服侍他人者。立国精神就是不断地战斗，才建立了强大的国家。如今（分裂实况）不过是兄弟争国，不是哥哥称王，就是弟弟称王，纵然战死也有好名声，子孙永袭单于。汉帝国虽然强大，但并没有能力兼并匈奴，有什么理由向它称臣，污辱祖先，贻笑国际？即使因此打赢对手，又如何再统御所有蛮族。”

呼韩邪当时不愿推翻大臣众议，可是第二年，他仍然亲自率军向汉朝皇帝朝贡。匈奴单于向中国皇帝“稽首”，自称为“藩”；中国皇帝避位谦让，不视之为“臣”，朝廷司仪则称来人是“藩臣”，但不称呼韩邪的名字。简单说，汉宣帝对待匈奴单于，将他列位于诸王之上。

呼韩邪归顺汉朝，郅支也派使节来朝献，但是汉宣帝反而对呼韩邪更好。郅支见无法讨好，乃率众北迁，一再击破乌孙，与康居结成同盟。郅支既然北迁，呼韩邪乃率众回到故地，并且还都王庭。

汉宣帝完成中兴大业后去世，继位的汉元帝刘奭派西域都护甘延寿、副校尉陈汤发兵击败北匈奴，郅支单于的人头被送到长安示众。

听说郅支单于身死国灭，南匈奴呼韩邪单于更加表态来朝，并请求成为汉朝女婿。汉元帝命令相关官员研究可行性，郎中侍应持反对意见，认为“夷狄不可亲，边防不可罢”（反对通婚，更反对撤防），汉元帝最后裁决不答应撤防，只同意通婚——配婚对象之一就是王昭君。

昭君本名王嫱，十七岁被选入宫。当时后宫嫔妃甚多，汉元帝命令宫廷画师毛延寿将她们逐一画像呈阅，只挑选美貌者临幸。后宫佳丽为此争相贿赂毛延寿，请他画得漂亮一些以争取受皇帝“临幸”的机会。王嫱自恃美貌，就是不肯贿赂毛延寿，毛延寿当然就故意将她画得很平庸，以致进宫数年，却一直未曾见过皇帝的面。

汉元帝答应赐给呼韩邪单于五位宫女，起初人选未定，王嫱主动提出意愿出塞和番，于是被列入赐婚名册。

呼韩邪单于结束入朝行程，汉元帝设宴为他送行，宴会中“点阅”赐婚的五位宫女，王嫱出场“丰容靓饰，光明汉宫，顾影徘徊，竦动左右”。那一刻，呼韩邪大为满意，汉元帝暗自后悔，可是总不能失信夷狄而有损“上国天朝”体面，当场赐名“昭君”。

王昭君得宠于呼韩邪单于，乃写信向汉元帝陈述当初的委屈。汉元帝接到这封信，下令将毛延寿等宫廷画师十余人通通处死，并且多次派王昭君的弟弟担任宣抚北庭的使节，两国之间因而维持了一段相当长时间的友好和平。

王昭君为呼韩邪生了一个儿子，封右日逐王。呼韩邪单于去世，大阏氏（皇后）的儿子继位为复株累单于。匈奴人习俗，父亲死后，儿子连老爹的小老婆也一并继承（不是野蛮，反而是照顾父亲的女人，养育异母弟弟），王昭君认为她是汉天子所许嫁，应该遵照汉人礼节，因而上书汉朝请求回国。当时汉元帝已死，汉成帝在位，诏书要她遵从胡人习俗，王昭君只好再当新单于的阏氏，又生了两个女儿。

这是杜甫路过湖北宜昌“昭君村”时的咏怀之作，以感叹这位为国献身的奇女子。昭君死后葬在朔方，坟上草色独青，有异于塞外“白草”，所以杜甫说“独留青冢向黄昏”。

王昭君对毛延寿是“仇恨”，对祖国是“遗恨”，但她的故事证明了和亲比征伐更能带给国家安全。然而，虽然外患暂时平靖，大汉帝国老百姓的“恨”，却才要开始。

【原典再现】

群山万壑赴荆门，生长明妃[①]尚有村。
一去紫台[②]连朔漠[③]，独留青冢向黄昏。
画图省识春风面，环佩空归月夜魂。
千载琵琶作胡语，分明怨恨曲中论。

——《唐诗三百首·杜甫·咏怀古迹》

---

① 王昭君死后，汉帝追封她为明妃。
② 紫台：皇宫。
③ 朔漠：指朔方以北的沙漠。汉代朔方郡即今内蒙古鄂尔多斯高原，为极北领土。

17. 模范生昏君：身体不好，宦官当道

汉宣帝建立的中兴气象随着他逝世而过去，继位的是长子刘奭，也就是当初没被霍显毒死的那个“贫贱时所生”的皇子，是为汉元帝。

汉元帝刘奭本质善良，智商也不低，更笃信儒学，崇尚王道。可是他有一个最大缺点：身体不好，多病。就因为这个缘故，模范生成了昏君，更糟糕的是，他太依赖宦官石显，石显乃成为西汉第一位弄权宦官。

石显自宣帝时期就参与枢机，他上头还有一位中书令弘恭，两个宦官合作无间。元帝多病，所以朝廷事无大小，都透过石显转呈，再由皇帝裁决——专制体制之下，谁能掌握“见老大”的权力，谁就是“一人之下，众人之上”，国家、帮派、企业皆然。因此，元帝即位短短几个月，文武百官都对石显敬畏有加。

石显要对付的是宣帝临终指定的“辅政三大臣”：大司马史高（宣帝表叔）、光禄勋萧望之、光禄大夫周堪。

石显很快便与史高结成联盟：史高虽然是大司马，名义上是辅政三人帮之首，可是他不熟悉政务，形同被萧望之架空。

萧望之是当时的大儒，所以引进皇族中的儒家学者刘更生为给事中，职责是内廷服务，冀望以他取代宦官（石显）与外戚（史

高）的角色。结果，石显在权斗中获胜，元帝（其实是石显）下诏“擢升”刘更生为宗正，主掌皇族事务，却不再入宫廷服务（还是“一脚踢到楼上”的老招）。

接下去，儒家文官与外戚的斗争白热化，此时出现了一个投机分子郑朋。他起初押宝文官派，上书控告史高及许、史两大外戚家族劣迹。

元帝将这份奏章给辅政大臣之一的周堪看，周堪建议召见郑朋。郑朋又送了一封自荐函给萧望之，萧望之接见郑朋，发现他追求的是权力，而非原则是非，就不再理他。

郑朋由失望转怨恨，改投向史高集团，说“之前的事情（上书）是周堪、刘更生教唆的”。

官僚斗外戚，给了宦官更大发挥空间，石显建议皇帝召见郑朋

【原典再现】

恭、显奏：“望之、堪、更生……为臣不忠，诬上不道，请谒者[1]召致廷尉。”时上初即位，不省召致廷尉为下狱也，可其奏。

后上召堪、更生，曰：“系狱。”上大惊曰：“非但廷尉问邪！”以责恭、显，皆叩头谢。上曰：“令出视事。”

恭、显因使史高言：“上新即位，未以德化闻天下，而先验师傅、既下九卿、大夫狱，宜因决免。”

——《资治通鉴·汉纪二十》

---

① 谒者：传达皇帝命令的近侍。

问话，郑朋在皇帝面前检举萧望之“五项小过、一项大罪”。

弘恭、石显接着出手，奏请“将全案移送廷尉”。元帝不了解“移送廷尉”的实质意义，就批准了。

直到有一天，元帝召唤周堪、刘更生，左右回答：“他们已被收押。”才赶紧要人放他们出来。弘恭、石显知道，一旦他们官复原职，反扑必将猛烈。于是由史高奏报：“陛下即位不久，既然已经将师傅（萧望之）、九卿（周堪）、大夫（刘更生）下狱，就不宜一百八十度改变。”于是元帝下诏：萧望之免除前将军、光禄勋职务，周堪、刘更生贬为平民。

从此，萧望之只有每个月初一、十五入宫朝见，但汉元帝对萧望之仍然相当敬重，也重新起用了周堪与刘更生。

刘更生复出后，发动反扑，授意他的一个亲戚上书：“陇右发生地震，显示朝廷中有奸臣，地震是针对弘恭与石显，只要罢黜这两个宦官，任用萧望之这种德高望重之人，天下就会太平，天灾地变的泉源就得以被塞住。”

元帝当时正生病卧床，任由石显下诏，逮捕那位上书人，讯问之下，果然是受到刘更生的指使——刘更生再度贬为庶人。

同一时间，萧望之的儿子萧伋为老爹之前的遭遇上书喊冤。奏章交付廷尉，廷尉回奏：“萧望之的事情并非诬陷，却教唆儿子上书，有失大臣礼节，且犯不敬之罪。请准予逮捕。”

弘恭与石显非常清楚，萧望之绝对不可能接受下狱的屈辱，于是对元帝说：“如果不用牢狱的痛苦来挫挫他的傲气，他自以为是皇帝的师傅（萧望之曾任太子太傅），将无法阻止他的怨恨。”

元帝说：“萧太傅个性刚烈，怎么会愿意接受入狱？”

石显说：“人哪个不爱惜生命。萧望之知道他犯的不是死罪，不必担心他会自杀。”于是刘奭批准将萧望之下狱。

有了皇帝的诏书，石显等大张旗鼓，加深恐怖效果：由谒者带着诏书，交给萧望之亲启，同时调发执金吾（京师警备部队）包围萧望之宅邸。

萧望之问他的学生朱云："该怎么办？"朱云也是个刚烈之士，遂建议老师自裁，以免受辱。

萧望之仰天长叹，教朱云准备毒酒，一仰而尽……

害死了萧望之，石显乃更加肆无忌惮，虽然汉元帝在位时间不长，石显与弘恭羽毛未丰，只是两个宦官加上一个马屁集团，危害不深。可是，元帝去世后，他的皇后王政君却主导了西汉帝国的最后一段，长达四十年，造成了超级灾难。

18. 燕啄王孙：夺床高手赵飞燕

汉成帝刘骜说起来颇有教养，也尊重才学之士的老师，可是喜爱美色却成了致命缺点。

成帝即位，太后王政君下令挑选良家女“充实”后宫，有官员向大将军领尚书事王凤（王太后的哥哥）提出谏议，却被太后否决，于是后宫充满了美女。

汉成帝拜访姐姐阳阿公主邸，看上了公主家一名歌舞伎赵飞燕——名为飞燕，因为她“腰骨纤细，身轻如燕，能做掌中舞”。既然皇帝看上，太后又纵容皇帝“充实后宫”，公主当然立即将赵飞燕送入宫中。

杜牧这首诗的第二句，典故就是来自赵飞燕。赵飞燕是个夺床高手，弄了一个假的巫蛊案，硬栽给许皇后和另一位受宠的班婕好，

【原典再现】

落魄江湖载酒行，楚腰纤细掌中轻。

十年一觉扬州梦，赢得青楼薄幸名。

——《唐诗三百首·杜牧·遣怀》

结果许皇后被废。法吏拷问班婕妤，她上书皇帝："俗话说'死生有命，富贵在天'，做好事积功德都未必受福报，又怎能期待干坏事能得到福报？如果鬼神有知，不会接受邪行（指巫蛊）；如果鬼神无知，作法又有何用？所以，我不会去做这种事的。"成帝认为她说得很好，赦免她，并赏赐黄金百斤。

班婕妤知道自己仍身陷危境，于是自动请求居住长信宫奉养太后。她在长信宫作了一首《秋扇诗》，意谓自己犹如扇子，天气热时"出入君怀袖"，秋天一到就"捐弃箧笥中"——这就是成语"秋扇见捐"的典故。

赵飞燕当上了皇后，可是仍担心其他后宫女子争宠，于是引进自己的妹妹赵合德，姐妹俩联合占据了成帝所有的时间。

皇后的地位最终得由儿子来奠定，也就是生个儿子，并立为太子。可是，赵飞燕一直没有怀孕，可能是她太瘦了，不适合受孕，也可能是成帝纵欲过度，精子浓度太稀薄。无论如何，赵飞燕的危机意识促使她开始进行两个动作：一是陷害后宫姬妾有生儿子的，

【原典再现】

考[①]问班婕妤，婕妤对曰："妾闻死生有命，富贵在天。修正[②]尚未蒙福，为邪欲以何望？使鬼神有知，不受不臣之愬[③]；如其无知，愬之何益？故不为也。"

——《资治通鉴·汉纪二十二》

① 考：同"拷"。
② 修：同"修"。修正：做好事。
③ 愬：音"素"，祈求。

使得成帝“绝嗣”，时人称之为“燕啄王孙”；一是用牛车偷载年轻男子入宫“借精子”。当然，这是无法长久保密的，汉成帝因为仍然宠爱赵合德，所以暂时没杀赵飞燕，只是疏远她而已。

有一天，皇帝与赵合德对饮，酒酣耳热，突然涌起戴绿帽子的怒火，赵合德离席下跪为老姐求情，愿代姐一死，边说边流泪，可谓“梨花带雨，涕泪盈襟”。皇帝扶她起身，说：“你没有罪，可是你的姐姐，朕真想砍她的头，断她手足，方解心头之恨。”赵合德叩头不已，表示情愿先死，成帝不舍得她这样，就答应不杀赵飞燕。

酒喝完，赵合德急忙前往昭阳殿，对赵飞燕说：“姐姐还记得吗？小时候家里贫穷，我们靠编织草鞋到市场换米维生，有一天你换米回来，风雨交加，家中却没有柴火可以炊米，咱俩又饿又冷又睡不着，我抱着姐姐的背，两人哭了两晚。

“今天，咱们姐妹侥幸富贵了，已经处在最高位，为什么要自求毁灭？如果再犯错，再惹皇帝怒火，就肯定没救了。今天还有妹妹我能救你，万一妹妹死了，姐姐还能仰仗谁呢？”

姐妹两人相拥而泣，可是赵飞燕仍不承认自己有奸情，只说：“姐姐我有则改之，无则自勉。如今皇帝专宠妹妹一人，希望妹妹能力挺我，就像当日我引荐你一样。”

从那次以后，皇帝不再去昭阳殿，只“临幸”赵合德一人。有一次，赵合德正在沐浴，皇帝刚好驾到，就偷窥她洗澡，侍女通报，赵合德急忙熄灭烛火，不让皇帝看。可是汉成帝觉得偷窥很新奇刺激，下一次又去，禁止侍婢通报，看得“神思飞荡，若无所主”，对近侍说：“可惜不能有两个皇后，如果可以，我马上立昭仪（赵合德的后宫官阶）为后。”

赵飞燕听说皇帝有此癖好，就准备妥当，请皇帝前往一观。皇帝躲在屏风后面偷窥，赵飞燕知道他的位置，摆出各种媚态，并且以水溅向皇帝——“偷窥”的乐趣顿时消失无踪，皇帝没等她“演完”就走了。

赵合德努力促成皇帝与姐姐复合，就借着为姐姐庆生的名义，请皇帝一同前往昭阳殿，酒至半酣，赵飞燕对皇帝说：“曾经有一次，妾弄污了皇帝的衣服，陛下说不要洗了，留为他日纪念。当时陛下在臣妾颈间留下了齿痕，好几天都不消退，往事如烟，想起来不禁泣下。”汉成帝听了，触动旧情，赵合德一看气氛对了，托词离去，皇帝与赵飞燕当天晚上就在昭阳殿“重修旧好”。

这么一位纵欲过度的天子，最终“死得其所”。那一天，一切正常：楚王、梁王来朝，隔天就要返国，当晚下榻未央宫白虎殿。任命左将军孔光为丞相，封侯的印信已经刻好，诏书也写好了。直到黄昏时分，一切如常。

隔天清晨，成帝起床，忽然手臂麻痹、无法言语，天亮不久就驾崩了。一时谣言四起，舆情哗然，矛头指向昭仪赵合德。

以上是正史的记载，可是其他诸多个人著作却指向汉成帝是因服用春药过量致死。最“精彩”的版本如下：

成帝纵欲过度，到了后期，必须握着赵合德的玉足，才能兴奋起来，于是广求方士进药。有一种“仙丹”，必须先在烈火中烧炼一百天，接着在大缸中贮满水，将丹药置入，水立刻沸腾，再换新水，一直重复到水不沸了，然后人可以服用。每次一粒，功效如神。

据说，那天晚上，成帝吞了十粒！宫女听到寝室内“笑声吃吃不止”。可是到了午夜，皇帝就陷入昏迷，直到清晨才稍醒。勉强下床，在穿裤子、袜子时，手忽然一松，裤子落在地上，人随即也栽倒。侍者急忙扶他上床，只见精液大量涌出，不能停止，刹那间气绝身亡。

成帝驾崩，皇家血脉由于“燕啄王孙”受到严重伤害，甚至可以说为后来王莽篡汉提供了充分条件，而老百姓的灾难则自王家班掌权开始。

19. 王家班 ：老百姓的灾难的开始

汉成帝刘骜即位之初，还颇思有所作为，第一道命令就是把元帝时弄权的宦官石显改派长信宫太仆，只管太后出入车马。

刘姓皇族中有一位优秀年轻人刘歆，成帝听说后，特别召见他。

刘歆在御前口出成章、诵读诗赋，皇帝听了很喜欢，当场就要

【原典再现】

时大将军凤用事，左右尝荐光禄大夫刘向少子歆通达有异材，上召见，歆诵读诗赋，甚悦之，欲以为中常侍；召[1]取衣冠，临当拜[2]，左右皆曰："未晓大将军。"上曰："此小事，何须关大将军！"左右叩头争之，上于是语凤，凤以为不可，乃止。

——《资治通鉴·汉纪二十二》

---

① 召：应为"诏"。
② 拜：任命官员的礼遇用词。临当拜：正要下达拜官令时。

任命他当中常侍，叫人取衣冠来。

左右侍臣说：“（这项任官令）还没告知大将军（王太后的哥哥王凤）喔。”

成帝说：“这件小事，不必告诉大将军。”

左右侍臣趴下叩头，力劝皇上不可。

成帝只好跟王凤说“我想要任命刘歆为中常侍”，讵料，王凤认为不可，就没有发布命令。

中常侍是皇帝陪臣，不属外朝官员，确实不干丞相、大将军的事。这个故事可见：一是刘骜左右布满了王凤的眼线；二是王凤头脑清楚，皇帝任命中常侍是小事，可是外甥有主见却是大事；三是舅舅不容外甥皇帝管政务。事实上，这最后一点正是王太后放纵成帝私生活的一个重要原因，于是刘骜就更加“荒淫”了。

糟糕的是，王凤还算王家班当中最稳重的一个。

王凤病了，病得很重，汉成帝刘骜亲自前往探视，握着王凤的手，流着泪说：“将军万一发生难言之事（说不出口的那个字——死），我想让平阿侯王谭接替你的位置。”

王凤流着泪，在病榻上叩头，说：“王谭那一批人，虽然是我的兄弟，可是他们行为不检，不能作人民的表率，不如御史大夫王音，作风谨慎，我愿以生命担保他可以担当大任。”

王谭，是王凤的四弟，而王音则是王凤的堂弟，并未封侯。王凤死后，成帝任命王音为大司马车骑将军，掌握政务大权。

大司马不是亲舅舅，成帝愈发放纵，经常私自出宫冶游，伴随者乘坐小车，或干脆大家一同骑马，大街小巷，甚至长安近郊游走，参加斗鸡、赛马，对外自称是“富平侯家人”。

王音因为血缘不够亲，难以强力规劝，于是导演了一场“雉鸡秀”：在重大典礼“大射礼”时，忽然飞来一群雉鸡，顺着台陛，登上宫舍，昂然高鸣。之后又有雉鸡飞到太常（掌皇家祭祀）、宗正（管皇族事务）、丞相府、御史府、车骑府，最后飞到未央宫承明殿屋顶上。

王音为此上书："《尚书》记载，商朝的武丁（商高宗）祭祀成汤（开国祖先）时，有野雉飞到大鼎的耳柄上下蛋。这本是一项不祥之兆，然因为武丁坚守正道，而能转祸为福。如今雉鸡飞临，引起议论纷纷，这是上天示警，意在做出提醒，意义深切，应该特别小心。陛下有私游的毛病，千万不要忽视上天示警，要检讨改正，灾变才会消失。"

言者谆谆，可是听者藐藐，甚至有人向成帝"讲小话"，于是成帝派中常侍去问王音："听说那些飞到皇城来的雉鸡，很多都有羽毛折断的痕迹（被捕捉而折羽），莫非有人故意如此？"

当家的王音还算谨慎小心，其他五位太后的亲弟弟（王氏五侯）作风却越来越糜烂，更争相互竞炫奢华，奇招百出。

成都侯王商有一次生病，为了避暑热，竟然向皇帝借用明光宫；更为了引进沣水到自家人工湖中，擅自凿穿长安城——为了个人享乐，前者破坏王室规矩，后者破坏国家安全。

成帝造访王商家，看见穿城引水，大为恼怒，但是当场没有发作。

之后，成帝私下出宫，造访曲阳侯王根宅邸，又看见庭园、楼台、假山，还模仿宫中白虎殿兴筑馆舍。这下子终于忍不住了，责问王音，要他查办。

王商、王根决定耍赖，自请行黥、劓之刑，向太后请罪。两个弟弟面上刺字、割掉鼻子向姐姐请罪，这是什么意思？还不是拿太后来压皇帝？

成帝这下子更火大了，派使者责问司隶校尉、京兆尹，为什么

【原典再现】

王氏五侯争以奢侈相尚。成都侯商尝病，欲避暑，从上借明光宫。后又穿长安城，引内沣水，注第中大陂[①]以行船。

上幸商第，见穿城引水，意恨，内衔[②]之，未言。后微行出，过曲阳侯第，又见园中土山、渐台，象[③]白虎殿。于是上怒，以让车骑将军音。

商、根兄弟欲自黥、劓以谢太后。上闻之，大怒，乃使尚书责问司隶校尉、京兆尹，知成都侯商等奢僭[④]不轨，藏匿奸猾，皆阿纵，不举奏正法；二人顿首省户下。又赐车骑将策书[⑤]曰："外家何甘乐祸败！而欲自黥、劓，相戮辱于太后前，伤慈母之心，以危乱国家！外家宗族强，上一身寖弱日久，今将一施之，君其召诸侯，令待府舍！"

是日，诏尚书奏文帝诛将军薄昭故事。车骑将军音藉槀[⑥]请罪，商、立、根皆负斧质[⑦]谢，良久乃已。上特欲恐之，实无意诛也。

——《资治通鉴·汉纪二十三》

---

① 陂：池塘。
② 衔：含，隐而不发。
③ 象：外形相似。
④ 僭：音"箭"，逾越法度。
⑤ 策书：汉朝皇帝命令中，最正式的一种，亦作册书。
⑥ 藉：置于……之上。槀：草垫。
⑦ 斧质：鈇锧，古时刑具。

明知五位侯爷“逾制”而不查报？两名官员左右不是，只好一齐到宫门外下跪叩首。

成帝下诏给王音：“外戚为什么甘愿自请黥、劓，还要到太后面前羞辱我！既伤我母亲的心，又破坏国家制度！我已经被他们孤立太久了，现在我要展现魄力，你叫他们都留在家里听候处分！”

王氏诸侯这才知道事情闹大了，王音坐在草垫上（斩首行刑），王商、王立、王根背着斧头与砧板请罪。

成帝就这样让几位舅舅跪了好久，才下令让他们起身。其实成帝从头就没想杀他们，只是给舅舅们下马威而已。

王家班成员都不行，于是王莽出现了。

太后王政君的二哥王曼死得早，没来得及封侯，因此太后特别照顾王莽。王凤生病时，王莽在病榻旁侍候，亲自尝药，连梳洗的时间都没有，衣不解带好几个月。王凤为此感动，临终请求太后与皇帝要照顾王莽，于是王莽出仕，担任黄门郎，又升到射声校尉（守卫北长安的禁军八个指挥官之一）。

过了一段时间，王商上书，表示愿意分一部分食邑给王莽，而好几位士大夫也称誉王莽。于是成帝封王莽为新都侯，晋升为骑都尉、光禄大夫、侍中——一下子跻身核心。

升了官、加了爵，王莽却更谦恭有节。将自己的车、马、轿、衣裘都分给门下宾客。家中没有积蓄，俸禄、采金全都用于结交名士、将相、卿大夫。就这样，他的声望日渐高涨。

王莽有一次秘密买了一个婢女，被堂兄弟们知道了，他于是宣称：“后将军朱博没有子嗣，我听说这名女子有‘宜子’之相。”当天就将婢女送给朱博。

王莽就是靠这一套沽名钓誉的功夫，博得士大夫同声赞扬，然后在几位叔叔轮流执政之后，坐上了大司马的位子。四个月后，汉成帝刘骜驾崩。在此之前，由于“燕啄王孙”，指定刚袭封定陶王的侄儿刘欣为皇太子，如今继位为汉哀帝。

第二部

王莽篡汉

语云：『今之愚也，诈而已矣。』若莽者，其诈也，愚而已矣。

——赵翼《二十二史札记》

赵翼认为王莽的奸诈不过是愚钝。他不用任何武力便和平上位，瞄的是百姓『怨汉』的心理。这位迷信又崇尚复古的『新帝』，虽然自比周公，但只是个山寨货罢了。而刘氏在起兵重回巅峰的过程中，家族内部也掀起一阵血雨腥风。

20．四太后并立：后宫乱则政局乱

王莽坐上了大司马大将军的位子，可是位子没能坐稳，不久就下台了，原因是“太后”太多。

汉哀帝刘欣即位，原本的皇太后王政君现在成了太皇太后，而成帝的皇后赵飞燕则成了皇太后（由于她的太后身份，得免于被清算，她的妹妹赵合德承担全部罪过）。可是哀帝刘欣有自己的亲生母亲与祖母，她们仍袭用定陶王后、王太后（母亲与祖母二人）的称号，且被王政君“规定”：每隔十天才能前往未央宫探视孙儿、儿子。

这当然不合人情，所以哀帝刘欣一再争取，却只能做到让祖母傅太后住进北宫（母亲丁姬仍不行），且不能拥有皇太后的特权。

一位投机官员，高昌侯董宏，想要利用这个题目博取皇帝欢心，就上书说：“战国时，秦庄襄王（也就是吕不韦投资的“奇货”子楚）的母亲原本是夏氏，然因被华阳夫人认领为儿子，即位后两位‘母亲’都称‘太后’。建议称定陶王太后为帝太后。”

这摆明了是马屁，而且这马屁拍得还不通——定陶王太后是哀帝的祖母傅太后，要称也该称“太帝太后”，而母亲丁太后才是“帝太后”。

这份奏章发下交办，王家班人马当然要遏止这股“歪风”，于是大司马王莽、左将军、关内侯等官员联名弹劾董宏："明知皇太后是至高无上的称号，却在如今这个天下一统的年代，引亡国的秦为喻，企图误导我大汉帝国，这份奏章'大逆不道'！"董宏被废为庶人。可是傅太后为此光火，施压哀帝，哀帝只好向太皇太后请求，王政君乃降诏：追尊定陶共王（刘欣的老爹刘康）为"恭皇"，于是傅太后乃成了"恭皇太后"，丁姬乃成为"恭皇后"。

如此安排，只能一时无事。有一次哀帝在未央宫摆宴，内宫主管将傅太后的座位排在太皇太后旁边。大司马王莽做事前检查，看到如此安排，责备内宫主管，说："封国国君之妻，岂可与至尊并坐！"下令撤去座位，另外安排位子。傅太后听说此事，大发雷霆，拒绝参加宴会。王莽发现他捅了一个马蜂窝，于是上表"乞骸

【原典再现】

上置酒未央宫，内者令[①]为傅太后张幄，坐于太皇太后坐旁。大司马莽按行[②]，责内者令曰："定陶太后，藩妾，何以得与至尊并！"撤去，更设坐。傅太后闻之，大怒，不肯会，重怨恚莽；莽复乞骸骨。

……

于是四太后各置少府、太仆，秩皆中二千石。傅太后既尊后，尤骄，与太皇太后语，至谓之"妪"。

——《资治通鉴·汉纪二十五》

① 内者令：宫廷内务官的主管。
② 按行：最后检查（对宴会场地）。

骨”，哀帝则批准王莽的辞呈。

王莽下台，丁太后的哥哥安阳侯丁明当上了大司马。同时将王家班的丞相孔光免职，任命朱博为丞相。

朱博上台，首要任务就是为傅太后上尊号，于是皇帝下诏：尊恭皇太后（傅太后）为太帝太后，恭皇后（丁太后）为帝太后。长安宫廷内，四位太后并立，每一位太后宫中都设立少府（管总务）、太仆（管车马），位阶都是中二千石（高太守一级）。

花钱事小。傅太后得了尊号之后，态度更骄傲了，跟王政君说话时，甚至称她“妪”（老太婆）！

傅太后这边跟王太后“争风”，那边又“吃醋”，要报三十年前的一段旧恨。

汉元帝刘奭时代，王政君是皇后，傅太后当时是婕妤（亦作“倢伃”），后宫另有一位冯婕妤。

有一次，元帝前往虎园，欣赏野兽搏斗，傅婕妤跟冯婕妤都在场。

突然，一只野熊破槛而出，前爪攀住栅栏，作势要往上爬。在场陪侍的亲贵、姬妾，包括傅婕妤在内，都惊慌逃命。只有冯婕妤，勇敢地站到了野熊前面，直到武士赶到现场，格杀那只野熊。

事后，元帝问冯婕妤：“你怎么敢这样？”

冯婕妤回答：“野兽凶性大发，恐怕伤到至尊。但野兽只要抓到一个人，就不会再攻击其他人，所以我愿意以身承担。”

从此，元帝对冯婕妤倍加敬重，但傅婕妤却因羞惭，而对冯婕妤衔恨在心。

元帝崩逝后，王皇后因儿子当皇帝而成了太后，傅婕妤随着儿子去当定陶王太后，冯婕妤随着儿子去当中山王太后。

汉哀帝时，中山王传位到了冯太后的孙子刘箕子，他自幼患有眚病（中医称“肝厥”，病发时嘴唇与手指甲、脚趾甲都呈青色，西医称“先天性狭心症”），祖母冯太后亲自喂养照护，每天为他祭祀祷告。

汉哀帝关心这位堂弟，派中郎谒者张由带着御医前往中山国诊治。张由本人长年患“狂易”病（精神失常），到了中山国后，忽然病发，情绪失控，折回长安。

尚书用正式公文要张由说明他仓促折返的原因，张由怕获罪，就编了一个故事，说他发觉中山冯太后祝祷诅咒皇帝与傅太帝太后，才急忙回京奏报。

这个胡诌却勾起了傅太后的旧恨，于是借题发挥，派御史丁玄彻查本案，历时数十天，查无实据。再派中谒者令（宦官）史立取代丁玄，逮捕冯太后的妹妹冯习等家人，酷刑之下，拷死数十人。最后，史立与一位御医徐遂成达成交易，徐遂成作证：冯习贿赂他，趁给皇帝看病机会，毒死汉哀帝。一旦中山王立为皇帝，就封他为侯。

【原典再现】

（史立）责问冯太后，无服辞①。立曰：“熊之上殿何其勇？今何怯也？”太后还谓左右：“此乃中②语，吏何用知之？欲陷我，效③也！”乃饮药自杀。

——《资治通鉴·汉纪二十五》

---

① 无服辞：没有一句认罪的供词。
② 中：禁宫之中称“禁中”。
③ 效：验证。那句话证明是（傅婕妤）要陷害我。

拿着徐遂成的口供，史立审问冯太后，冯太后当庭一一拆穿徐遂成口供中的破绽。

这时，史立说了：“当年野熊破槛上殿时，你何等英勇？如今怎么怕了呢？”

史立此话一出，冯太后顿时明白这是怎么回事。回到宫中，对左右说：“这是禁宫里头的事，更是三十年前的事，一个官吏怎么会知道？根本就是借他的口，让我知道为什么啊！”于是服毒自杀。

任何冤狱，如果只看判决书，每个人都会认为铁证如山，罪有应得。徐遂成的口供绘影绘形，外人谁也不敢说没那回事。所谓“贼咬一口，入骨三分”，本案就是写照了。

而四太后并立的京城长安，可想而知的，必定政出多门，行政大乱，司法黑暗。可是汉哀帝刘欣却无心于此，他跟成帝刘骜的兴趣截然相反，他不爱女生。

21．断袖之癖：只爱男人的皇帝

汉哀帝不爱女生，宠爱一名男生董贤，封他为驸马都尉、侍中。驸马都尉是骑马随行，侍中是宫中随侍，换句话说，董贤出入相随，皇帝的赏赐更不计其数。依照专制体制（不论古今）的规则，最接近皇帝（独裁者）的那个人，就是权力“一人之下”的那个人，于是董贤自然成为朝廷百官巴结对象。

有一次，哀帝与董贤同床睡午觉。哀帝想起床了，董贤尚未醒。偏偏董贤的身子压到了哀帝的衣袖，若用力拉出衣袖，可能会弄醒他。哀帝不愿打扰董贤好睡，就用剪刀剪断了龙袍的袖子，轻手轻脚独自起床。这就是同性恋代名词“断袖之癖”的典故。

汉哀帝专情于董贤，但董贤却并非单纯同性恋，他家里还有老婆。哀帝非但不介意，还下令董贤的妻子住进宫中，与董贤同住一处。董贤的妻子有个妹妹，哀帝又将她召入宫中，立为昭仪，后宫地位仅次于皇后，这个四角关系还真有点复杂。总之，董贤与老婆、小姨子每天从早到晚，包围了汉哀帝。

这种情形，对西汉的儒家大夫而言，当然不以为然，可是又没有什么古例可以谏诤——西汉的儒家学者非常崇古，开口闭口“三代”。问题在于，之前的历史上，因宠爱姬妾而亡国的例子很多，却没有同性恋的！

尚书仆射郑崇看不过去了，上书直言谏诤（所谓直谏，就是没有引用经典上的故事，直指皇帝不可以喜好“男色”）。

汉哀帝看了很火大，可是又不好直接说“我就是不爱女生爱男生，怎么样！”，只能在其他事情上面对郑崇找碴。

尚书令（仆射的上司）赵昌揣摩上意，出面检举：“郑崇与他的家属往来密切，怀疑有不可告人的勾当，请准予查办。”

哀帝抓住这个，责问郑崇：“你自己家里热闹得跟市场一样，为什么要劝阻皇帝我交朋友？”

郑崇回答：“我家中虽然人们出入频繁，可是我的心却平静如水（操守如水之清澈，问心无愧），我愿接受司法讯问。”

【原典再现】

驸马都尉、侍中云阳董贤得幸于上，出则参乘，入御左右，赏赐累巨万，贵震朝廷。常与上卧起；尝昼寝，偏藉[①]上袖，上欲起，贤未觉，不欲动贤，乃断袖而起。又诏贤妻得通引籍殿中，止贤庐。又召贤女弟以为昭仪，位次皇后。昭仪及贤与妻旦夕上下，并侍左右。

……

上责崇曰：“君门如市人，何以欲禁切主上？”崇对曰：“臣门如市，臣心如水。愿得考[②]覆！”上怒，下崇狱。

——《资治通鉴·汉纪二十六》

---

① 偏：侧身。藉：卧其上。
② 考：审讯。

哀帝闻言大怒，将郑崇下狱，指示严加审问。

事实上，郑崇得罪的人可多了：傅太后、太后的弟弟傅商，再加上董贤（与老婆、小姨子），权力中枢全得罪光了，最后得罪了皇帝，还被顶头上司检举，所以几乎满朝噤声。郑崇最终死在狱中，唯一“不识相”为他说话的司隶校尉孙宝，也被废为庶人。

汉哀帝在位期间最后做的一个重大政治制度变革，是确定“三公”的官名与职掌：大司徒掌行政，大司马掌军事，大司空掌监察。但实质权力握在大司马手中，而哀帝任命他的同性恋人董贤为大司马。

五十天后，哀帝驾崩，董贤位居一人之下，却不知所措。和他一样茫然的，还包括丁、傅两家外戚。

22. 王政君夺玺：被王莽利用的女人

太皇太后王政君可是见过大风大浪的，至少她经历三次皇帝驾崩（汉元帝、汉成帝、汉哀帝），知道这个时候最重要的东西是传国玉玺。她在第一时间驾临未央宫，收取皇帝印信，用皇帝印信召唤大司马，董贤完全抓瞎，只会脱下官帽请罪！

王政君说："新都侯王莽曾经以大司马身份办理过先帝（汉成帝刘骜）的丧事，他熟悉规章，又有经验，我想请他来帮你忙。"

董贤边叩头边说："非常感谢。"

王太后立即派出使者，飞驰召唤来王莽。并下令（用皇帝印信）尚书将所有发兵用的符节，以及百官上奏的文书通通交给王莽，中黄门与期门兵（禁宫侍卫）也都由王莽统领。

军政大权到手后，王莽秉承太后旨意，指示尚书弹劾董贤，指他"在皇帝卧病时，不亲自侍奉汤药"，禁止董贤进入皇宫。董贤甚至不知道他已大祸临头，脱下帽子，赤着双脚，在宫外叩谢。

隔天，王莽命尚书持太后诏书，向董贤宣读："董贤年纪太轻，少不更事，担任大司马不孚众望，就此收回大司马印信，免官回家。"

当天，董贤跟老婆一齐自杀（避免族诛）。家人惶恐，不敢张扬，趁夜将他们埋葬。

王莽还怀疑董贤诈死，命主管单位开棺验明正身，遗体抬到监狱检视，证实是董贤无误，就埋在监狱中。

【原典再现】

太皇太后闻帝崩，即日驾之未央宫，收取玺绶。太后召大司马贤，引见东箱[①]，问以丧事调度。贤内忧，不能对，免冠谢。

太后曰："新都侯莽，前以大司马奉送先帝大行[②]，晓习故事[③]，吾令莽佐君。"

贤顿首："幸甚！"

太后遣使者驰召莽，诏尚书，诸发兵符节、百官奏事、中黄门、期门兵皆属莽。

莽以太后指使尚书劾贤，帝病不亲医药，禁止贤不得入宫殿司马中；贤不知所为，诣阙免冠徒跣[④]谢。

己未，莽使谒者以太后诏即阙下册贤曰："贤年少，未更事理，为大司马，不合众心，其收大司马印绶，罢归第！"

即日，贤与妻皆自杀；家惶恐，夜葬。莽疑其诈死；有司奏请发[⑤]贤棺，至狱诊视，因埋狱中。

——《资治通鉴·汉纪二十七》

---

① 箱：厢，借用字。引见东箱：在皇宫东厢接见。
② 大行：皇帝去到另一个世界称"大行"。
③ 晓习故事：对过去的事情有经验。
④ 跣：音"显"，光脚。
⑤ 发：开启。发棺：开棺验尸。

太皇太后再下诏，请三公与大夫一同推举大司马人选，当时朝廷已经多半是“西瓜族”，当然一致推举王莽（只有两个不识相的相互推举对方）。最后王政君“采纳众议”，任命王莽为大司马领尚书事（相当于今天台湾的参谋总长兼总统府秘书长），军政大权一把抓。

王莽当上大司马后，将太后赵飞燕贬为“孝成皇后”，傅太后改称“定陶共王母”，丁太后改称“丁姬”，傅、丁二姓外戚一律免职还乡——现在又只剩一位“太后”了。

王政君与王莽商量决定，由中山王刘箕子（前文冯婕妤的孙子，今年九岁）入嗣大统，即位为汉平帝。王政君仍称太皇太后，临朝听政，政府施政、官员任命，全由王莽作主。

经过一次下台，王莽这下子复出，已经不再是“为姑妈办事”，他有自己的盘算。通常，那就称为“不臣之心”。

23．山寨周公：周公姓姬，但王莽不姓刘

王莽打从重掌大权的第一刻，就设定了目标：取代刘姓为帝，也就是篡汉。

在此之前，几乎只有武力转移政权的先例，如商汤、周武，乃至秦始皇、汉高祖。王莽没有武力革命的条件，所以他精心设计了一套和平转移政权的模式，他利用了儒家称颂的尧舜禅让政治神话，决定复制相同情境。但是他没有舜、禹的功劳，因此他先复制“周公”。

汉平帝刘箕子即位年，刚好是耶稣诞生之年，王莽就导演了一幕“白雉秀”：

王莽暗中授意益州郡官员，教唆边疆少数民族自称“越裳王国”，必须经过两层以上的翻译，才能沟通。他们向汉帝国进献一对白雉鸡、一对黑雉鸡。

王莽报告太皇太后王政君，王政君下诏（其实是王莽拟好的诏书）：“用白雉祭祀皇家宗庙。”

接下去，群臣开始马屁大赛，纷纷进言：“这跟周公辅佐成王时的祥瑞相同。所以应该封王莽为安汉公，并增加他的采邑。”汉帝国最早只有功臣可以封侯，后来外戚无功也可以封侯，但仅止于侯爵，王莽如今要“升等”为公爵，超越所有包括刘姓的侯爵。

王太后下令尚书作业，王莽却四度上书恳辞，还称病不起。左右劝太后：“不用勉强王莽，且依他之前上书恳辞的建议，封四辅（王莽的班子孔光等四人）为侯就好了。”

可是，太后封了四人，王莽仍然称病，于是马屁集团又纷上奏章：“王莽虽然谦让，可是国家该表扬的，还是应该表扬，不能让文武百官与天下人失望。”

于是太皇太后再下诏：“封王莽为太傅，为四辅的首脑，晋封安汉公，加封采邑二万八千户。”

王莽仍佯作惶恐，“勉强”起身就职，接受太傅职务及安汉公称号，可是他坚持不增加采邑，表示：“希望在百姓家家衣食丰足之后，再接受封赏。”

王太后于是下令：不增加采邑，但俸禄加倍。王莽仍然恳辞，并上书建议加封刘姓宗室。王太后则从善如流，一口气封了几十位王侯，外加高级公务员可以领三分之一俸禄的退休终身俸，以及实施照顾鳏寡等社会福利政策。简单说，因为王莽，福泽遍及全民，这下子，他的声望更高了。

最先警觉王莽有野心的是大司空彭宣，但是他不敢有动作，只消极上书王太后请辞：“三公辅佐皇帝，好比鼎有三足，任何一足能力不够，就会让整锅美食翻覆。我老了，脑筋不行了，自请交出大司空与长平侯的印信，让我可以回家乡养老，安享天年。”

用“鼎”来打比方，是有所影射的，因为自古“鼎”就是君权的象征。而且彭宣的逻辑有漏洞：鼎有三足，一足不任可以造成翻覆，一足太长（王莽权力超大）还不是一样会“覆鼎”？彭宣以退为进，说得婉转，也因此未招杀身之祸。王太后批准彭宣辞去大司空职，保留爵位，回到长平县采邑，安享余年。

下一个不识相的人是申屠刚，他上书太后：“皇帝年纪还小，应该派出使者，迎接中山王太后到长安，住在别宫，能让皇帝不时见到生母。同时召冯、卫等家外戚入京襄助，以巩固领导中心。”

申屠刚的奏章上去，太皇太后立即下诏：“申屠刚所说，背离大道，诚属邪说妄言。”免职回家。

再下一位，是之前帮郑崇说话的孙宝。由于他之前对抗董贤，王莽上台后，请他复出担任大司农（九卿之一）。

有一次，越嶲（今四川省境内）的长江上游出现黄龙游泳。太

【原典再现】

扶风功曹申屠刚以直言对策曰：“亟遣使者征中山太后，置之别宫，令时朝见，又召冯、卫二族，裁与冗职[①]，使得执戟亲奉宿卫，以抑患祸之端。上安社稷，下全保傅。”

莽令太后下诏曰：“刚所言僻经妄说[②]，违背大义！”

……

越嶲郡上黄龙游江中。太师光、大司徒宫等咸称“莽功德比周公，宜告祠宗庙。”大司农孙宝曰：“周公上圣，召公大贤，尚犹有不相说，着于经典，两不相损。今风雨未时[③]，百姓不足，每有一事，群臣同声，得无非其美者？”时大臣皆失色。

——《资治通鉴·汉纪二十七》

① 裁与冗职：以非正式的官衔参与政策裁定。
② 僻：同“避”，离开。僻经妄说：离经叛道的胡言乱语。
③ 风雨未时：天灾打乱了农时。

师孔光、大司徒马宫都借此祥瑞表示“安汉公的功德上比周公，应禀告皇家宗庙”。

孙宝听不下这等马屁，说话了：“从前，周公是伟大的圣人，而同时间的召公是伟大的贤人，两人同时辅佐周成王，尚且还有意见不合的时候，都记载在经典中，但也无损于两位圣贤的人格。如今，天下仍称不上风调雨顺，老百姓还未能家家足衣足食。可是朝廷中每有大小事，群臣却只有一种声音（称颂王莽），难道说，我们赞美了不该赞美的？”

此话一出，满朝大臣尽皆失色。王莽班子之一的光禄勋甄邯立刻宣布：奉太后旨，停止讨论。

然后司法系统开始行动：弹劾孙宝对父母不孝。孙宝说：“我已经七十岁了，糊涂昏聩，疏于奉养母亲，愿接受处罚。”——完全不答辩。于是免职回家，后来死在家中。

就这样，王莽一面复制周公模式沽名钓誉，一面铲除异己，攫取权力。

24. 王莽嫁女儿：嫁了女儿，却逼死儿子

到目前为止，王莽的权力都来自太皇太后王政君。可是王太后已经七十多岁，以古时候的平均寿命而言，已经非常高寿。万一哪天太皇太后乘鹤西归，王莽的权力将顿时落空。

于是，王莽为自己买一个“保险”：让自己成为皇帝的岳父，也就是将女儿嫁给皇帝，当上皇后。万一王政君过世，他仍然是皇后的父亲，仍然可以名正言顺掌握大权，因为外戚掌权已经成为理所当然。

于是他上奏：“皇帝即位三年，皇后还没确定（其实汉平帝才十一岁）。多少年来，国家最大的危机，就在于皇帝无子……”

太皇太后将奏章交付有关单位办理，有关单位当然非常识相，太后娘家的王姓家族只要有适婚女儿，一律列入选后名单。

可是，王莽却突然发现，他的女儿并不是百分之百被选中，于是改变策略，上书说：“我的德行不足，女儿也没有才德，还是不宜与众女子并列选拔。”

王太后真的老糊涂了，以为王莽是真心诚意的，乃下诏：“王家的女儿，是我的娘家，不列入考虑。”

这下子又搞“左”了，于是马屁集团发动人海战术，平民、儒生、中下级官吏，每天都有上千人到皇宫外请愿。而大臣则在宫

内、朝廷发言表态："安汉公的勋业如此崇隆，立皇后岂可排除他的女儿？我们一致希望他的女儿能立为皇后！"

王莽又拿出他的"谦让"做工，派出官员分别劝阻大臣们以及儒生们，然而大家已经都了解这一套的意思，因此上书的人更多了。

王太后这下子给搞糊涂了，但是老太太仍然批准了大夫们的建议，派人项目去"考察"王莽的女儿是否合格当皇后——结果不必说，是吗？

【原典再现】

莽欲以女配帝为皇后以固其权……事下有司，上众女名，王氏女多在选中者，莽恐其与己女争，即上言："身无德，子[①]材下，不宜与众女并采[②]。"

太后以为至诚，乃下诏曰："王氏女，朕之外家，其勿采。"

庶民、诸生、郎吏以上守阙上书者日千余人，公卿大夫或诣廷中，或伏省户下，咸言："安汉公盛勋堂堂若此，今当立后，独奈何废公女，天下安所归命！愿得公女为天下母！"

莽遣长史以下分部晓止公卿及诸生，而上书者愈甚。

——《资治通鉴·汉纪二十七》

---

① 子：指的是女儿。
② 采：同"采"，选择。

主管机关奏报："依例，皇帝娶皇后的聘礼是黄金二万斤，合二万万钱。"王莽再次出演"泽被大众"的戏码：只接受六千三百万钱，并且拨出四千三百万钱给获选偏宫的十家，其他分给王姓家族的贫苦亲属。

王莽风光的嫁了女儿，可是接下去却逼死了儿子。

王莽的儿子王宇认为，小皇帝终有长大的一天，一旦那一天到来，报复手段将非常严酷。

于是王宇开始私下与卫氏外戚来往，并教卫姬（平帝的生母）上书谢恩，保证不会效法丁、傅两家（哀帝的母亲、祖母）作风，可是这一招只得到增加采邑的赏赐。卫姬思念儿子，日夜哭泣。王宇教她再次上书，请求来京探视儿子，仍被拒绝。

王宇跟他的老师吴章，还有大舅子吕宽，想出了一个笨方法：

吴章认为，王莽不爱听谏，却爱听鬼神之事，可以用怪异之事让他惊恐，然后再趁势请他将政权转移卫氏家族。

计议既定，王宇教吕宽拿一罐鲜血，趁夜泼洒到王莽宅邸大门，不料却被守门吏发觉。于是奸计败露，王莽将王宇逮捕送进监狱，王宇在狱中服毒自杀。王宇的妻子吕焉当时怀有身孕，在监狱中生产后处决。

右将军甄邯将此事报告太皇太后，王太后降诏王莽："你居于周公的位置，辅佐周成王一样的幼主，并且施展周公诛杀管、蔡的手段，大义灭亲，不因为亲情而伤害国君，特此嘉勉。"

这一幕堪称马屁功夫的经典：逼死儿子都可以扯上周公！

25. 九锡与造神：作秀、迷信、赞美诗

王莽的爵位已经是“公”，凌驾于所有“侯”之上了，可是公爵的地位还在诸王之下。高祖刘邦的遗训“非刘不王”依然牢不可破，王莽不姓刘，当然不能封王，只能另辟蹊径。

首先，由太保王舜等人率领官员人民等八千余人联名上书，请求：“尊称王莽为‘宰衡’，位在三公之上。”这个“宰衡”是个新发明，但却有古例为本：商朝的伊尹称“阿衡”，周朝的姬旦（周公）称“冢宰”，前者曾放逐天子暂时摄政，后者曾辅佐幼主并摄政，所以两个称号都是“摄政王”的位阶。如今合并两位古圣人的尊称，以示王莽的地位和他俩加起来一样。

然后，文武百官再联名上奏：“从前，周公摄政七年，国家的制度才厘定妥当，而今，安汉公辅政只不过四年，实际负责更只有两年，却已大都完成。所以，应该将‘宰衡’的地位提高到诸侯的‘王’之上。”

太皇太后下诏“可”，同时下令研究“九锡”之法。

古字“锡”通“赐”，所谓九锡，就是赐给九种代表身份的事物，一般是：车马、衣服、乐则（专属的音乐）、朱户（大门用朱红色）、纳陛（府邸正厅前台阶得设斜坡）、虎贲百人（外出时的排场）、弓矢（得不待诏命征伐）、鈇钺（得不待诏命诛杀）、秬

（祭祀用的美酒）。

东西没啥出奇，但却是天子专用的排场，封国君王也只有特殊恩赐才准用一、二项，如今却全套赐给一个外姓臣子——自此之后，史书上只要一出现“加九锡”，就是权臣要篡位、新王朝要登场了。

太皇太后王政君批准赐给王莽的九锡，与前述九锡大不相同：彩韨（彩色的蔽膝）、衮冕（龙袍王冠）、衣裳、玚琫（佩刀柄上的装饰白金）、玚珌（佩刀鞘上的装饰璧玉）、句履（尖端上翘的鞋子）、鸾路（车上的鸾凤装饰）、乘马、龙旗九流（有九条流苏的龙旗）。

除了这九项之外，还有皮弁（盔帽）、素积（战袍）、戎路（战车）、乘车、彤弓矢（红色的弓）、卢弓箭（黑色的箭）、左建朱钺（赤色大斧）、右建金戚（金色大斧）、甲胄一副、秬两坛、圭瓒（玉酒壶）两个、九命青玉珪（青玉制的最高官位信物）两个，以及传统九锡中的朱户、纳陛，虎贲卫士则有三百人（传统的三倍）。

这些玩意儿，之前都是天子才准用的仪仗排场，如今王莽都有了。然而对王莽而言，仅仅看起来像皇帝是不能满足他的，他志在“移鼎”，则必须有“天命”。天命是上天给的，于是他开始“造神”。而王莽为了篡位的种种“设计”，确实称得上创意十足，要知道，那可是二千年前哦。

王莽派中郎将平宪等为使节，携带大量金银财宝，到塞外收买羌族，要他们主动表示“愿意献出土地，归属中国”。但事实上，汉朝并没有派官吏前往，西羌部族也并没有真的献出土地，平宪等人只是离开关中地区，带回来一些地图，然后看图说故事。

此行的最大任务，是平宪等回朝复命时的奏报：西羌诸部（人口约一万二千人）首领良愿等，自愿呈献土地，并为汉朝藩属，永为汉朝的西方屏障。而重点更在于以下对话：

平宪问良愿："你们这么做的用意何在？"

良愿说："太皇太后至为圣明，安汉公至为仁爱。天下太平，五谷丰登，有些稻禾长达一丈有余，有的一根麦秆上能结出三个麦穗，甚至不下种却自己生出作物，没有蚕吐丝也能成茧。甘露从天上降下，甘泉自地下涌出；凤凰飞到长安朝拜，神雀也云集长安城。最近四年（王莽辅政四年）以来，羌人毫无疾苦，所以自愿归属。"

【原典再现】

乃遣中郎将平宪等多持金币诱塞外羌，使献地愿内属。

……

（良愿）对曰："太皇太后圣明，安汉公至仁，天下太平，五谷成孰①，或禾长丈余，或一粟三米②，或不种自生，或不蚕自成；甘露从天下，醴泉③自地出；凤皇来仪，神爵④降集。从四岁以来，羌人无所疾苦，故思乐内属。"

……

王恽等八人使行风俗还，言天下风俗齐同，诈为郡国造歌谣、颂功德，凡三万言。

——《资治通鉴·汉纪二十八》

① 孰：同"熟"。
② 粟：古时候对谷类的通称，北方当指麦类。三米：一枝麦秆生三枝麦穗。
③ 醴：音"礼"，美酒。醴泉：甘泉。
④ 爵：通"雀"。

当然这些都是编出来的，羌中（青海东部）即使四年安和乐利，也肯定不是“太皇太后圣明，安汉公至仁”，而是汉帝国自顾不暇，没去侵扰边疆！

外夷来朝还不够，还得海内人民歌颂。王莽派王恽等人，到全国各地考察民风。任务圆满达成，回京复命，奏称“天下风俗美好”。

而此行真正任务是：假造各方的民歌、童谣。内容都是歌颂王莽的功德，共三万多字。

打从《诗经》以来，中国人民就以诗歌发抒情感，也评论时政，有讴歌贤君良臣的，也有讽刺昏君佞臣的。王莽以恢复三代道统为号召，所以搞出这一套。

既然海内升平，理所当然就没有盗贼，司法机关于是没有诉讼，监狱里没有囚犯，所谓“野无饥民，道不拾遗”，达到儒家“以教化行政”的最高境界。于是王莽下令废除所有刑罚，万一有人犯法，则仅施予“象刑”。

所谓“象刑”，是儒家学者造出来的一个神话：尧舜时只施象刑，教重罪犯人穿土黄色无缝边的衣服，中等犯人穿草鞋，最轻者用黑布包头，另外还有几种不同版本。重点在于，那是一种象征性的处罚，表示教化成功，人都有羞耻心，不会犯罪。

当然这些都是欺骗天下人的手法，可是“象刑”又有一层意义：王莽开始将自己导向“尧舜”，也就是为“禅让”铺路。

唯一的问题是，皇帝已经十四岁，年纪不小了，他已经想要亲政，更不可能“禅让”。

26. 假皇帝：欺天瞒地，找个傀儡

小皇帝刘箕子为了生母卫姬不能来京，还有舅舅被杀，一直对王莽衔恨在心。而儒家大臣请求归政的声音，虽然王莽用恐怖手段镇压，却仍然前仆后继。王莽知道，这个“问题”必须做一次彻底解决。

汉平帝登基第五年的冬天，皇帝主持腊祭，王莽向皇帝献上椒酒，在酒中下毒，小皇帝毒发，在床上辗转呼号。王莽即刻撰写祝祷文，向上天祈求，愿用自己生命，代替皇帝一死。祈祷后，将祷文锁入金匮，放在金銮前殿，下令官员不许泄露。

如此行事模式露出蹊跷：这是套用古时候周公的故事，问题在于，王莽的第一反应居然是写祷文，而非召太医、问病情、事汤药（当初他对王凤可是紧守病榻亲侍汤药）。所以，虽然《汉书》没记载“王莽鸩杀皇帝”，可是后世仍认定是王莽干的。而汉平帝刘箕子虽不是第一个被弑的国君，却是第一个被毒杀的国君。

无论如何，皇帝死了，国不可以一日无君，该立哪一个？仍然立刘姓子孙吗？

就在这时，“异象”又出现了：一位大长安市的地方官员奏称，水井里挖出一块白石头，上圆下方（象征天圆地方，暗示是

“天命”），上面有朱红字“告安汉公莽为皇帝”——这是史书记载“符命”（一种神秘天书预言）的开始，王莽利用的是“儒家管地上，阴阳家管天上与地下”。

王莽指示三公向太皇太后奏报此事，王政君知道王莽要干什么，说：“这是欺骗天下人的手段，不可以施行！”

太保王舜对太后说：“事已如此，已经没有能力阻挡王莽了。况且王莽也没要求太多，只想要一个摄政的名义而已。”

时势比人强，王政君没办法，只好下诏由王莽摄政。于是群臣联名奏报：“我们请求，安汉公坐皇帝宝座，戴皇帝冠冕，穿皇帝衣服，南向接受群臣朝拜，官员及平民都自称‘臣’‘妾’，一切如天子制度。祭祀天地的典礼中，司仪称‘假皇帝’，臣民称‘摄皇帝’，安汉公自称‘予’（不称‘朕’），发布命令用‘制’（不用‘诏’）。朝见太皇太后与帝、后时，仍称‘臣’。”

摄政，仍是周公模式。而为了出演“周公佐成王”得更加逼真，

【原典再现】

谢嚣奏武功长孟通浚井得白石，上圆下方，有丹书着石，文曰：“告安汉公莽为皇帝。”符命之起，自此始矣。

莽使群公以白太后，太后曰：“此诬罔天下，不可施行！”

太保舜谓太后曰：“事已如此，无可奈何。沮之，力不能止。又莽非敢有它，但欲称摄以重其权，填服天下耳。”太后心不以为可，然力不能制，乃听许。

——《资治通鉴·汉纪二十八》

王莽挑了一个两岁的小皇帝，宣帝的玄孙刘婴，称号“孺子”（史称“孺子婴”），由王莽抱在怀里听政。当初以“周公佐成王图”交代霍光的汉武帝，若地下有知，不知道作何感想？

27. 反扑无力：拼了命战斗，不如会写奏

王莽给刘婴的称号“孺子”，也有来历：周公辅佐成王时，管叔、蔡叔放谣言，说周公将对“孺子”不利。但后来事实证明，周公忠心耿耿，绝无二心。王莽给刘婴这个称号，再次标签自己是“周公”。

虽然王莽再标榜“周公”，可是只要眼睛没瞎的，都已经看出，王莽不可能是周公。最简单的思考，周公姓姬，但王莽不姓刘！

刘姓皇族中一个不怕死的安众侯刘崇，与他的封国相张绍密谋：“王莽一定会危害刘氏皇族，天下诸侯都不认同他，可是没有人敢先动手，这是身为皇族的耻辱。我应当代表皇族率先讨伐王莽，各路诸侯都会响应。”

张绍表示支持，于是募集数百人，进攻宛城，攻不下来，败退回安众。

这两个人造反，却吓死了身在长安的亲族，因为造反是要诛全族的。因此，张绍的堂弟张竦与刘崇的堂叔刘嘉，一同到未央宫前自首待罪。王莽赦他俩的罪，张竦乃代刘嘉上奏，歌颂王莽，声讨刘崇，奏章中写道：“我愿作为皇族表率，父子兄弟背着竹筐、拿着圆锹，驰赴南阳，将刘崇的宫室夷平并灌污水。拆毁他的宗庙如同周朝拆毁商朝的宗庙，将宗庙里的祭器分送各诸侯，永远作为鉴戒。”

王莽见到奏章，大喜，封刘嘉与七个儿子为侯。后来知道是张竦执笔，再封张竦为侯。长安人民做歌谣讽刺此事："想封侯，找张伯松（张竦字伯松）；拼了命战斗，不如会写奏（章）。"

刘姓皇族既没骨气又没力量，下一个造反的是地方官。东郡太守翟义与他外甥陈丰密谋："我身为丞相的儿子（翟义的父亲翟方进，汉成帝时担任丞相前后达十年），又是一个大郡的太守，父子同受朝廷恩典，有责任为国讨伐逆贼，安定社稷。所以，我决定动员军队，向西进攻，诛杀所谓假皇帝，另行拥戴刘姓皇族为真皇帝。即令大事不能成功，身虽死而声名立，对得起先帝。你敢不敢加入行动？"陈丰那年才十八岁，年轻气盛，一口承诺。

【原典再现】

绍从弟竦与崇族父嘉诣阙自归[①]；莽赦弗罪。竦因为嘉作奏，称莽德美，罪状刘崇："愿为宗室倡始，父子兄弟负笼荷锸[②]，驰之南阳，猪[③]崇宫室，令如古制；及崇社宜如亳社[④]，以赐诸侯，用永监[⑤]戒！"

于是莽大说，封嘉为率礼侯，嘉子七人皆赐爵关内侯；后又封竦为淑德侯。长安为之语曰："欲求封，过张伯松。力战斗，不如巧为奏。"

——《资治通鉴·汉纪二十八》

---

① 归：认罪。用法如"归罪"。
② 锸：音"察"，以手起土的工具，类似圆锹。
③ 猪：猪刑。依据《礼记》，犯叛国罪者被诛杀后，将他的住宅夷平，作为污水塘。
④ 亳社：商朝定都于"亳"，亳社就是商朝的祖庙。
⑤ 监：鉴。

翟义于是拥戴严乡侯刘信为皇帝，刘信的儿子刘匡封东平王，所以东平国的军队也一同举事。传檄天下："王莽鸩杀孝平皇帝，自称假皇帝，想要篡位。如今天子已经即位，全国诸侯应当共同代天行罚。"大军抵达山阳时，已有十余万人。

王莽得报，惊惶失措连饭都吃不下。发动所有的党羽、近亲，组成七个兵团向叛军进攻。太皇太后王政君对左右侍臣说："人同此心，心同此理。我虽是个女人，也知道王莽会吓得半死。"

近畿地区（三辅）听到消息，一下子有二十三个县爆发民变，两名领袖赵朋、霍鸿自称"将军"，拥兵十余万人，向长安进军。一路烧杀劫掠，火光连未央宫都看得见。王莽再派留在中央的最亲信官员领军镇守要地。

王莽自己每天抱着孺子婴到城郊宗庙祈祷，朝会时仍以周公自况："从前成王年幼，周公摄政，也有管叔、蔡叔叛变。古圣人尚且有此忧惧，何况我如此渺小！"马屁集团则众口一词："不经过如此一场大变局，不能彰显你的圣德！"

最后，两路叛军都不堪一击，乱事先后平定。王莽下令挖开翟方进的坟墓，更包括他们祖先的坟墓，将棺材全数焚毁。屠翟姓三族，连幼儿都不能幸免，男女老少所有尸体堆进一个大坑，用荆棘跟五毒（蝎子、蜈蚣、蛇、马蜂、蟾蜍）掺杂，一齐埋葬。追缉余党的行动持续不停，有一位王孙庆在逃亡七年后被捕获，王莽下令御医与刀工好的厨师一同下手，将王孙庆开膛破肚，挖出五脏，研究它们的构造和位置，还用竹签插入血管，探求脉搏终始……

平定叛军，并残忍报复之后，王莽对自己的信心陡然提高，于是决定对汉室施予最后一击。

28. 篡汉立新：没动一丝一毫武力的特例

王莽起初是暗中派人，远自边疆少数民族开始，制造神迹、祥瑞，后来马屁集团也开始制造祥瑞。久而久之，王莽被这些玩意儿冲昏了脑袋，不但自己相信，还会凭着自己的想象力，加以渲染。

齐郡（山东省临淄县）冒出一口新井、巴郡（重庆市）发现一头石牛，扶风、雍城（陕西省凤翔县）发现仙石。王莽下令将石牛与仙石运到长安（可惜井不能搬移）。

王莽向太皇太后奏报时，自己添加了很多料：

“广饶侯刘京上书说：‘七月间，齐郡临淄县有位亭长，某天夜里连续在梦中听见一个声音：“我，是天公派来的使节，天公要我告诉你，摄皇帝应当成为真皇帝，如果你不信，你的驿站中将会冒出一口新井。”隔天早晨，亭长巡视驿站，果然地上冒出一口新井，且深达百尺。’

“十一月冬至那一天，巴郡发现石牛；六天后，雍城又发现仙石。我下令将它们送来长安，放在未央宫前殿。我跟安阳侯王舜一同检视，忽然刮起怪风，尘土飞扬，天昏地暗，风停以后，石头前面出现一块铜牌，上面有文字画，写的是‘天帝符信，呈献者应封侯’。

“臣王莽不敢接受如此天赐（真皇帝），只请求在祭祀与奏报太皇太后时，称‘假皇帝’，号令天下时，就不再称‘摄’。因此，今年的年号应由‘居摄三年’，改为‘始初元年’。”

自称“假皇帝”与“称制不称摄”，其实之前已经实施，可是改年号，意义却大不一样。马屁集团揣摩王莽的意思，纷纷上书，提出各种理论与方法，希望帮王莽“解套”——拿掉那个“摄、假”的外套。

马屁冠军由一位名叫哀章的士人赢得：他制作了一个铜柜（金匮），里面放了两张信笺，一张画着“天帝行玺金匮图”，另一张写“赤帝玺某传予皇”。赤帝就是刘邦（当年斩蛇起义，有“赤帝子杀白帝子”神话），“某”是避高祖的名讳（不能称“邦”）。信上明言：王莽应即位为真天子，太皇太后应遵守天命。图上更画了王莽跟他的亲信八人，还有另外两人跟哀章自己共十一人，都加上了官爵头衔。

【原典再现】

广饶侯刘京上书言：‘七月中，齐郡临淄县昌兴亭长辛当一暮数梦，曰：“吾，天公使也。天公使我告亭长：‘摄皇帝当为真。’即不信我，此亭中当有新井。”亭长晨起视亭中，诚有新井，入地且百尺。’十一月，壬子，直建冬至，巴郡石牛，戊午，雍石文，皆到于未央宫之前殿。臣与太保安阳侯舜等视，天风起，尘冥[1]，风止，得铜符帛图于石前，文曰：‘天告帝符，献者封侯。’

——《资治通鉴·汉纪二十八》

---

①冥：同“暝”。尘冥：尘土飞扬，遮得太阳无光。

金匮制作完成，哀章将它送到高庙（汉高祖刘邦的祭庙），交给高庙仆射（祭庙主管），仆射上奏此事，王莽亲自到高庙向金匮叩拜，然后戴上王冠进谒太后。回到未央宫，登上前殿，发布文告："今天开始，奉天帝与高帝之命继承大统，并改国号为'新'，明年的年号定为'始建国元年'。"

西汉帝国就此结束，可是，"新朝"拥有天命是王莽自己说的，长安城内没人敢违抗，新朝的政令如何可以行于天下呢？还得解决一个技术问题。

29. 崩角的玉玺：老太后的愤怒

王莽从假皇帝变成真皇帝毫无阻碍，可是，真皇帝还得能号令天下，才是“真”的。在制度已完备的汉帝国，诏书得盖上玉玺才有效，才能号令天下。

汉朝皇帝的玉玺仍然是当初秦王嬴子婴向刘邦投降时献出的那一颗，相传是和氏璧雕刻而成的“皇帝之玺”。汉哀帝去世时，太皇太后王政君冲进未央宫收取了玉玺，一直留在她居住的长乐宫中。王莽即位之前，向王政君索取玉玺，王政君拒绝。王莽即位后，乃派了一位王政君平素最喜欢的安阳侯王舜去做说服工作。

王政君知道王舜的来意，破口大骂：“你们这些人，全家族都是因为汉家的恩典，累积了几代的富贵，不但不报答，反而不顾恩义，利用人家托孤寄子的机会，窃夺政权。这种人，死了连狗和猪都不愿吃他的尸体，天底下怎么会有你们兄弟这种东西！”——老太太似乎忘了，她骂的正是王家外戚，全都是她的侄儿、侄孙，而且全都是因为她，姓王的才得享尽富贵，她此时却认为自己是唯一守护刘姓皇室的人。

她喘口气继续骂：“王莽既然认为金匮符命可以让他当新朝皇帝，改正朔（历法）、改服制，就该自己刻个玉玺传之万世，非要这个亡国的不祥之物干嘛？！我是汉家的一个老寡妇，随时可以死，死了还打算拿这颗玉玺陪葬，你们就甭想了！”王政君说得一把眼泪、一把鼻涕，左右侍从都跟着落泪。王舜也没招，只能跪着陪姑妈落泪，还悲恸不能自止。

长乐宫中大伙儿哭了好久，都哭累了，王舜这才抬起头，对王

【原典再现】

及莽即位，请玺，太后不肯授莽。莽使安阳侯舜谕指。舜素谨敕，太后雅①爱信之。

舜既见太后，太后知其为莽求玺，怒骂之曰：“而属②父子宗族，蒙汉家力，富贵累世，既无以报，受人孤寄，乘便利时夺取其国，不复顾恩义。人如此者，狗猪不食其余③，天下岂有而兄弟邪！且若自以金匮符命为新皇帝，变更正朔、服制，亦当自更④作玺，传之万世，何用此亡国不祥玺为，而欲求之！我汉家老寡妇，旦暮且死，欲与此玺俱葬，终不可得！”太后因涕泣而言，旁侧长御以下皆垂涕。

舜亦悲不能自止，良久，乃仰谓太后：“臣等已无可言者。莽必欲得传国玺，太后宁能终不与邪！”

太后闻舜语切，恐莽欲胁之，乃出汉传国玺投之地，以授舜曰：“我老已死，知而兄弟今族灭也！”

——《资治通鉴·汉纪二十八》

---

① 雅：非常。
② 而：同“尔”。而属：你们这一伙。
③ 余：此处做“死后的剩余”解，也就是尸体。
④ 更：读音“庚”，用法如“变更”的更。

政君说："我已经没话可说，然而王莽他非要这传国玉玺不可，太后难道有办法一直不给吗？"

王莽一定知道，王舜就是有这么一套让王政君软化的功夫，才派他去当说客。此刻王政君已经明白，事情不可能改变，若王舜无功而返，下一步将是以武力强索。于是取出传国玉玺，扔到地上，对王舜说："我老了，就快死了，看不到你们兄弟全族被屠灭了！"

王舜带着玉玺去向王莽复命，玉玺砸崩了一个角，王莽派人用黄金将它修补完整。于是，新朝乃有盖上玉玺的诏书，可以发布政令，而王莽也着实推出了很多改革政策。

30. 新朝行古制：迷信复古的新皇帝

历史上改朝换代，第一件事情就是改“正朔”，也就是颁布新历。王莽登极之后，首先宣布废除汉的历法，回到秦的历法。然后在新历的元旦当天，率领文武百官，向太皇太后王政君呈献玉玺。花了好大工夫才硬抢到手的玉玺，这下却又献了回去，只为演出一幕“禅让天下”：由身不由己的太皇太后宣布，遵从“符命”（当时流行的天命预言书），从此除去汉朝称号。

接着演出“猫哭耗子”：新朝皇帝王莽诏封孺子婴“定安公”，采邑六个县、一万户、土地一百平方里，封国内建立历代祖先祭庙，准用故汉朝历法。然后，王莽握着孺子婴的小手（五岁），流涕歔欷，说：“从前周公摄政，最终将王位归还幼主；我却受迫于天命，不能如愿！”哀叹良久。再由中傅牵着孺子婴的小手，走下金殿，向北叩头，称“臣”——在场观礼的文武百官莫不感动（谁敢“不感动”？）。

演完上述两场，王莽宣布：王姓的“初祖”是黄帝，“始祖”是舜，天下“五姓”（姚、妫、陈、田、王）都是皇族。他是舜的后代，所以“受禅”有其正当性。

王莽又大封诸侯，共计一万个封国，将周公比了下去（周朝最多时才一千八百诸侯）。而新帝国的官制多抄袭《尚书》，也就是西周的官名：三孤、羲和（后改纳言）、作士、秩宗、典乐、共工、予虞等，又设二十七大夫、八十一元士、六监。地方官也改官名，郡太守改大尹、都尉改大尉、县令改宰。

这些官名的更改，其实没有改革政府的组织功能，纯粹只是为了满足王莽的崇古心理，徒增了老百姓的困扰。

然而，王莽内心始终存在一个挥之不去的阴影：他是篡位而当上皇帝，担心刘氏会复辟。

“刘”字拆开为“卯、金、刀”，于是王莽下诏：“禁止佩带‘正月刚卯’，禁止使用金币、刀币。”

刚卯，是一种佩饰，有金质、木质、玉质，长三寸、宽一寸，每年正月卯日做成，上刻“正月刚卯”。

当时通行的货币包括“错刀”币（以黄金铸成刀形，一刀值五千钱）、“契刀”币（以铁铸成刀形，一刀值五百钱），以及最普及的五铢钱，于是一下子全面禁止。另外铸一种小钱（一铢），与

【原典再现】

读策毕，莽亲执孺子手，流涕歔欷，曰：“昔周公摄位，终得复子明辟①；今予独迫皇天威命，不得如意！”哀叹良久。中傅②将孺子下殿，北面而称臣。百僚陪位，莫不感动。

——《资治通鉴·汉纪二十九》

① 辟：音“必”，君权。用法如辟疆（国土）、辟书（征召文书）。
② 中傅：官名，中央与王国称“太傅”，侯国称中傅。

从前发行的“大钱五十”两种并行。

废掉旧币，新铸“宝币”六种：金、银、龟、贝、钱、布，都是古时候的货币名称，以满足王莽的复古欲。其中“钱币”分六种币值、“银币”分两种、“龟币”分四种、贝币分五种、布币分十种。这下子，新朝的货币有五种材料、六种名称、二十八种币值。紊乱的币制，使得人民混淆不清，交易纠纷不绝，经济活动为之濒临窒息。

老百姓不爱用“新”钱，于是新朝政府下令：只保留“小钱值一”与“大钱五十”，龟、贝、布币全部禁用。然而，民间盗铸之风盛行而不可禁，为了防止人民盗铸，下令禁止挟带铜、炭。王莽更下令加重刑罚：一家盗铸，五家连坐，六家人口全部被政府没收，男为奴，女为婢。小吏或小民出门旅行时带钱，数目多少都要登记在通行证上面，通行证上没有注明的，旅舍不许收留，关卡与渡头予以扣留。甚至公卿入宫殿门也要拿这种文件，以向天下展示其重视的程度。

人民为此怨声载道，怀念汉朝的五铢钱，主要原因除了新币制紊乱、大小不易分辨之外，更在于它不断在变，完全丧失公信力。因此，民间交易私下仍通用五铢钱。谣言说“大钱即将废止”，所以人民多不愿持有。

王莽这下恼了，下令：凡是持有五铢钱，造谣大钱要废除的人，放逐到四方边外。

如此严刑峻法，可想而知，被指控犯法者，上自封国诸侯、卿大夫，下至庶民，入狱者不计其数。其结果是农民失去田地、商人无法营业、金融全面崩溃形同罢市，人民辗转流离，不知所之，坐在道路边哭泣。

王莽又“革新”土地制度：天下土地一律收归国有，改称“王田”，一家人丁不超过八口，而田地超过一井（九百亩）的，应自动将田地分给族人与邻居。原本没有田地的，则授予田地。

这项土地改革，在王莽而言，是恢复周公制定的井田制度，可是对人民大众而言，却是土地全面被充公。这项错误的改革政策，违背了人类文明进步的最大动力之一——私有财产制，很快，王莽就尝到了苦果。

31．空话治河：说得好听而已

王莽在中国历史中创造了一个特例：即使不用“枪杆子里出政权”，也能完成改朝换代。一个重要原因是，西汉后期昏君辈出，外戚与宦官大演宫廷斗争，搞得朝政一天天败坏，而不加理会人民的苦痛。王莽是个“不一样的外戚”，他礼贤下士，言必称古圣贤，因而让人寄予期待。

然而，王莽最终是自己搞垮了自己，他是怎么搞的？有一个最好的例子说明，王莽何以得手，又何以搞垮的，那就是治河。

汉武帝时，黄河开始溃决酿灾，当时没有任何经验可循。武帝不愧为一世雄主，曾一次发动数万军民，防堵溃决——治河如作战。

可是，黄河的水患持续升高，大汉帝国的国力却江河日下。

到了汉成帝时，有一年，黄河上游连降十余天大雨，造成关中地区溃堤，地方官上奏，建议疏浚一条新近淤塞的屯氏河。

成帝将奏章交付丞相、御史大夫处理，派了一位“博士”去现场勘察，结论是“政府财政不佳，暂时不必动工”。结果，三年后造成更大泛滥，淹没了四郡三十二县十五万顷耕地。为此，御史大夫尹忠担下责任，自杀。

又过了四年，黄河下游发生决口，淹没三十一县，毁坏官衙与民舍四万余间。

一位官员李寻上书："参与讨论治河的官员，总是寻求找到古代'九河'故道（也就是大禹"导九川、注四海"的遗迹），得以疏浚治河，可是一直找不到。现在正好趁这个机会，放任它溃决，看水势往哪个方向，就可以找到古代河床了。然后顺应'天心'，加以整治，就一定可以成功，这个方法既省钱又省人工。"

如此馊主意，居然被汉成帝采纳了，停止所有筑堤工程！政府官员一再奏报百姓哀苦，成帝只派人前往灾区赈济、安顿灾民。

黄河一旦溃堤，动辄三十个县，以当时平均一县五万人计算，就有一百五十万灾民。十五万顷土地不能耕作，坐等洪水退去，那

【原典再现】

勃海、清河、信都河水湓溢①，灌县、邑三十一，败官亭、民舍四万余所。

平陵李寻奏言："议者常欲求索②九河故迹而穿之。今因其自决，可且勿塞，以观水势；河欲居之，当稍自成川，跳出沙土。然后顺天心③而图之，必有成功，而用财力寡。"

于是遂止不塞。朝臣数言百姓可哀，上遣使者处业振赡④之。

——《资治通鉴·汉纪二十三》

①湓：音"盆"。湓溢：水涌出流动的样子。
②求索：寻找。
③顺天心：意指"顺着大自然"。
④处：安置。业：发给民生必需品。振赡：赈济。

得多少时间？假设它三个月吧，政府赈济一百五十万人三个月，对国库又会造成多大伤害？

到了汉哀帝时，地震、水灾仍频，由于灾区都在关东（函谷关以东，今河南、河北、山东），所以朝廷不关痛痒。

负责治河的官员骑都尉平当上奏："古代的九河已全部湮灭，黄河在魏郡（今河南省临漳县）东边决口，洪水四流，轨迹并不分明。人民不可欺骗，请陛下广为征求有治理河水能力的人员。"

待诏贾让奏称："治河有上、中、下三策……地有河川，好比人之有口；用土石去阻塞河流，好比为了不让孩子哭啼，而去塞住他的嘴巴，虽然立即止住了哭声，孩子却也窒息而死了。所以说：优秀的水利工程师，必定会疏导河流；高明的政治家，必定让民意有宣泄管道。"

贾让提出的上策是：将冀州（今河北省南部）容易淹水地区的人民全部迁徙，然后在黎阳（今河南省浚县）遮害亭决开堤防，让河水向北溃决，改道流入渤海。因为黄河西受太行山脉限制，东受金堤（黎阳段）阻拦，泛滥区不会大到无法控制，大约一个月就能稳定。

他认为，大汉帝国幅员万里见方，难道还跟黄河争那咫尺之地？如果采用这个方案，黄河稳定，人民安居，千年不再为患。

不与河争地，合乎今天的保育观念。而不再年年花钱修堤堵塞、赈济灾民，也是一种长远想法。可是，要迁徙数百万人，让他们离乡背井，可不可行呢？这个问题没有答案，因为当时政府没钱，灾区又距京师遥远，奏章就搁下了。

就这样，人民的苦痛无人理会，当时一位谏大夫鲍宣上书哀帝："今之人民有'七亡七死'。面对七亡，却看不到一项德政，要想国家安定，难矣；面对七死，却没有一条生路，要想人民不触犯法网，难矣！”

人民当时寄期望于王莽，于是王莽攫取了整个帝国。可是，王莽又如何治河呢？

王莽为了展现“新政府关心民生疾苦”，所以广征有本事治河的人才，人数以百计算，理论上，如此规模应该可以搜集到很多不同的意见，提出各种不同角度的治河方法。

长水校尉关并主张：“古时候大禹治水时，特别空出了一大片土地，以之为泄洪区。水大时形成湖泊，水小时自然干涸。秦汉以来的历次水患，黄河决口的地点，相距不过一百八十里。我建议将这一带腾空，不做官舍、民房使用。”

御史韩牧认为：“应该找到大禹时期的‘九河’故道，将之开通入海，即使不能开出九河，有个四、五条也好。”

大司空掾王横说：“今天的黄河已非大禹时的故河道，我建议迁移平地人民，开凿决口，引河水沿西山（太行山）流，居高临下，向东北注入渤海。”

以上意见，简单说，都是“参考古籍”的说法，纯粹是投王莽所好（复古），完全没有可行性。

最高段的是司空掾桓谭，他不提专业主张，却大话作结论：“这些建议中，一定有一个是对的，只要详细考察，便可以发现。计划既定，然后行动，费用不过数亿万，还可以解决无业游民的工作问题。与其让他们游手好闲，不如让他们参与治河工程，反正同样耗费衣食，由地方政府提供他们衣食，一举两得。这桩伟大的治河工程，上可以继承大禹功业，下可以为人民解除苦痛。”

结果呢？空话讲完就算了，王莽完全没有实际作为，而人民对王莽的幻想，也随之破灭！

32．惹翻匈奴：外忧内患的人间炼狱

王莽承袭了汉帝国的全部基业，文官制度齐备，内部统治没问题，外部则四夷宾服。虽然内政、经济都存在问题，只要不乱整，大可以维持一个平稳局面。

然而，谎话说多了，说谎的人最后总是会“说服”自己，认为自己真的是天命所归，兆民所赖。

王莽就是最佳例子。他以假仁假义沽名钓誉，再制造各种假的神迹、祥瑞，借“天命”得到政权。那些原本都是用来欺骗天下人的，可是一旦坐上龙椅，王莽深信不疑：自己真的是圣明盖世，德配天地。因此，眼前这小小的汉家格局，怎么配得上新朝大皇帝！

帝国要“升等”，唯一的方法就是贬抑邻国。王莽为了要向天下人宣布新朝取代汉朝，派出十二名五威将，每一“将”率领前后左右中五路“帅”，共十二路五威将帅前往各郡国宣达。完成国内任务后，再前往匈奴、西域及其他四方藩属。

五威将王骏抵达匈奴，致送金帛厚礼，说明新朝已取代汉朝，表明前来更换单于印信。之前汉朝给的印文是“匈奴单于玺”，新朝给的是“新匈奴单于章”。新印信交给当时的单于栾提知，同时要求收回旧印。

单于拜谢，接受诏书。翻译官上前准备解开单于臂上的印绂

（纽带），单于也坦然抬起手臂，方便他动作。

这时，单于身边的左姑夕侯栾提苏，一旁提醒："没看到新的印文，不宜交出旧印。"单于闻言，就收回手臂，不让翻译官解开纽带。只请新朝使节上坐，斟酒祝福新皇帝。

王骏喝了酒，又说："现在该缴回旧印了。"单于说："对。"再抬起手臂，让翻译官解带。栾提苏又说："还没看到印文哦。"单于说："没关系的，印文又不会变。"于是将印绂解开，交给五威将王骏，王骏乃将新印交给单于。新印包在布包中，没有打开审视。就此宾主把酒言欢，喝到半夜，才尽欢而散。

宴罢回到住处，五威将的右帅陈饶说："刚才姑夕侯已经起了疑心，单于差一点就不肯交出。等他们一有时间，就会发现印文有变，而要求发回旧印，这不是凭口可以糊弄过去的。如果已经到手了又失去，不如将旧印击碎，让他死了这条心。"

王骏与其他几位"帅"还有点犹豫，陈饶抄起一把斧头，一下子敲碎了那颗旧印。

果然，隔天单于就派右骨都侯栾提当前来，说："汉朝给我们单于的印信是'玺'，不是'章'，而且旧印印文并没有冠一个'汉'字。朝廷给诸王、侯的才是章，也冠上'汉'。如今印文去'玺'加'新'，单于就跟汉朝的臣下无以分别。单于说，我们还是用旧印好了。"

五威将帅拿出碎掉的旧印说："旧印业已销毁，现在是这副德行。"

栾提当回去复命，单于当时贪图新王朝丰厚的礼物，就派老弟右贤王栾提舆为特使，前往长安致谢，同时上书请求换回印信。

王莽当然不会发给"玺"，栾提知也当然非常不满，派大将在朔方（今内蒙）郡的塞外构筑工事，预备跟新朝开战。而王莽也想

【原典再现】

及五威将王骏等六人至匈奴，重遗[①]单于金帛，谕晓以受命代汉状，因易单于故印。故印文曰“匈奴单于玺”，莽更曰“新匈奴单于章”。将率[②]既至，授单于印绂[③]，诏令上[④]故印绂。单于再拜受诏。译前，欲解取故印绂，单于举掖授之。

左姑夕侯苏从旁谓单于曰：“未见新印文，宜且勿与。”单于止，不肯与。请使者坐穹庐[⑤]，单于欲前为寿[⑥]。五威将曰：“故印绂当以时上。”单于曰：“诺。”复举掖授译，苏复曰：“未见印文，且勿与。”单于曰：“印文何由变更！”遂解故印绂奉上将帅，受着新绂，不解视印。饮食至夜，乃罢。

右帅陈饶谓诸将帅曰：“向[⑦]者姑夕侯疑印文，几令单于不与人。如令视印，见其变改，必求故印，此非辞说所能距也。既得而复失之，辱命莫大焉！不如椎破故印以绝祸根。”将帅犹与[⑧]，莫有应者。饶，燕士，果悍[⑨]，即引斧椎坏之。

——《资治通鉴·汉纪二十九》

---

①遗：读音“位”，赠送。
②率：读音“帅”，同义。
③绂：音“福”，系包印玺的布帛。
④上：缴。
⑤穹：音“琼”。穹庐：大型蒙古包。
⑥寿：敬酒。
⑦向：音“向”，同义。
⑧犹与：犹豫。
⑨果：果决。悍，剽悍。

借争伐匈奴以立威，展现他足以跟汉武帝、宣帝相比拟。

偏巧，西域这时发生了一件大事。

一直以来，汉朝使节来往西域，对沿途各小国是很大负担。车师国王须置离为这次五威将送往迎来的庞大开支而头痛，甚至想要抛弃王位，逃奔匈奴。西域都护但钦获知此事，将须置离招徕，诛杀。须置离的老哥狐兰支，带着二千多部众逃奔匈奴。匈奴单于栾提知接纳他们，并派出军队，与车师军队一同反攻，击斩但钦派出的将领，然后撤退。

汉政府派驻西域的屯田部队司令官戊己校尉刁护当时正患病，属下两名副手陈良、终带与几位重要幕僚一同商议："国内改朝换代，西域各国陆续叛变，而匈奴不断侵袭，我们的处境怕是死路一条。"于是发动兵变，杀了刁护跟他的儿子、兄弟，裹胁所有官员及眷属，约二千余人，陈良、终带自称"前汉大将军"，投降匈奴。

西域都护但钦上书，说匈奴将入寇（其实是以此恐吓朝廷，派大军来保护他）。王莽正想展现"新"朝国威，于是将匈奴单于改称"降奴服于"，下诏讨伐。派立国将军孙建率领十二位将领，分六道出塞。

王莽下诏，征召天下囚犯、壮丁，加上正规军队，号称三十万人。大军出征，后勤动员不得了，三十万人需要的军服、皮袄、兵器、粮秣都得张罗。负责动员的官员乘着驿马车，东西往来奔驰催促，动辄搬出军法从事（违反者通常就是死刑）。

大军往边界郡县集结，一旦等到集结整备完成，同时出动。战略目标是：穷追猛打栾提知，一直将他驱逐到丁零（贝加尔湖附近）。然后将匈奴分割成十五个小汗国，以呼韩邪单于的子孙十五人为单于。

这个战略应该说相当有谋，问题在于缺乏实力为后盾。两位呼韩邪单于的子孙在匈奴已经没有实力，收了王莽使节的金银，非常乐意地前往长安，王莽封他们为“孝单于”“顺单于”。

栾提知接报大怒，说：“先单于（呼韩邪）受汉宣帝的恩，我们绝对不能辜负。可是今天那个自称天子的家伙（王莽），并不是宣帝子孙，凭什么当皇帝？又凭什么策立单于？”

于是下令左右部都尉（匈奴东西两大军区司令官）不断入塞袭击。由于中国边郡已久疏战阵，不是匈奴对手，被掳掠人畜不可胜数，边区一带陷于荒凉。

新朝这边，十二位将军分六路在北方边塞集结，可是将领根本不想出征，部队数量极大，军纪却极差，军官放纵士兵霸凌百姓。

王莽一再批驳将领主张不开战的上书，派出五十名“绣衣执法”（类似二战纳粹“盖世太保”）监督沿边大郡。这些钦差逮到机会，大肆贪赃枉法，沿边各州郡几乎贿赂公行，人民受霸凌压榨，怨声沸腾。王莽下诏斥责：“从今以后，胆敢再犯者，立即逮捕，并公告姓名。”可是贪暴如故。

大军集结不发，比出征的危害大很多：内地各郡拉夫催税，苛刻惨急，人民为之抛弃家园，沦落为盗贼。边郡人民已数代不见烽火，原本田园茂盛、牛马遍野、人口滋繁，自王莽与匈奴开衅以来，数年之间，边境一片荒凉，野外亦可见到白骨。

同时间，匈奴内部也发生了变化。原本被王莽利诱到长安去的“孝单于”栾提咸逃回匈奴，而匈奴单于栾提知逝世。当权大臣须卜当是王昭君的大女婿，一向主张跟汉朝和亲，他认为栾提咸跟王莽关系比较好，因而拥立栾提咸为单于。

栾提咸即位后，派人告诉新朝边塞官员：“匈奴单于想要见和亲侯。”

和亲侯是谁？就是王昭君老哥的儿子王歙。

这对王莽而言，真是天上掉下来的“台阶”，急忙派王歙和弟弟王飒出使匈奴，祝贺新单于登基，赏赐黄金与丝织品。栾提咸则将之前投降匈奴的陈良、终带逮捕，交给新朝使节。

双方就此大和解了吗？那可不。栾提咸的儿子栾提登（顺单于）之前被王莽处死，因此栾提咸一面拿新朝的厚重礼物，一面仍不断侵袭劫掠。因此，大军仍驻扎在北方边塞。

北方边郡这时候已经残破不堪，发生大饥馑，人民相互格杀，煮食对方尸体。史书只记载“缘边大饥，人相食”七个字，字字重若千钧，那根本已是人间炼狱。

33. 自我感觉良好：马屁文化的盛行

新帝国在内忧（黄河）与外患（匈奴）夹击之下，已经出现很大的危机，可是王莽本人自我感觉仍然很好，原因当然是马屁文化。

王莽即位之前，为了营造全国安和乐利印象，示意各州郡呈报“全国一片升平，商品价格童叟无欺，司法机关没有讼案，监狱空无囚犯，乡间县城没有盗贼，农村没有挨饿的人，家给户足，路不

【原典再现】

谏大夫如普行边兵还，言：“军士久屯寒苦，边郡无以相赡①。今单于新和，宜因是罢兵。”

校尉韩威进曰：“以新室之威而吞胡虏，无异口中蚤虱。臣愿得勇敢之士五千人，不赍②斗粮，饥食虏肉，渴饮其血，可以横行！”

——《资治通鉴·汉纪二十九》

---

① 赡：供给。
② 赍：音“积”，携带。

拾遗”。一位“不识相”官员公孙闳奏报民间灾害贫苦，被弹劾“伪造灾害消息，妒恨朝廷施政圣明，大逆不道”，斩首示众。从此，朝廷百官个个学聪明了，变得只会拍马，不敢直言。

前章所述，北方边界各郡的惨状，一位谏大夫如普视察边塞回到长安，上书：“大军久驻边郡，士兵寒苦，郡县无力供应，既然匈奴单于请和，宜趁此机会，下令复原。”

可是校尉韩威却说：“以新王朝的雄威，要吞掉匈奴，就跟咀嚼跳蚤虱子一样。愿陛下赐我勇士五千人，不必携带粮秣，饿则吃敌人的肉，渴则饮敌人的血，横行大漠！”

如此言论，获得大大嘉勉，校尉立刻升官为将军。可想而知，以后这种“鸟生鱼汤”言论，就不绝于朝廷之上了。

另一幕堪称马屁文化的经典：

长安郊外的长平观西侧崩裂，泥土大量泻入泾水，形成天然堤坝。泾水受阻，无法宣泄，在北岸决口，泛滥成灾。这明明是灾害，可是新朝大臣们却一致向王莽祝贺：“这符合‘河图’（一本著名的预言书）所说‘以土克水’，正是匈奴将要覆亡的征兆。”而王莽还真的信了这种“鸟生鱼汤”，指示边防军准备出击。

会稽（今江苏省苏州市）、荆州（今湖北、河南交界）等地方爆发好几起民变，王莽派出钦差大臣，带着赦免诏令，前往“教化”他们。钦差们回京以后，有人奏称：“盗匪解散后，旋即再度聚合，问他们原因，都说‘法令太苛，无法谋生，辛苦所得不够缴纳捐税。即使安分守己，仍不免于邻居私铸钱、携带铜铁而连坐入狱。官吏贪污，逼人欲死’，人民穷途末路，才沦入草泽。”

所有据实奏报的都被免职，其他人见风转舵，上奏：“刁民顽劣，应该通通诛杀。”或说：“这只是一时的变态现象，不久就会自然消失。”王莽大悦，这些人通通升官。

34. 人心思汉：人民不安，政权不保

说来讽刺，王莽时变民蜂起，原因竟是王莽“照顾民生”的政策！新朝政府设立羲和命士，督导五均（调节物价）、六筦（专卖业务）。政策想法是好的，可是基层执行官员却都是各郡当地富贾。这些人与郡县官吏勾结、做假账，结果国库并不能因此受益，老百姓反因触犯这些专卖业务，最重可处死刑。但刑罚越重，奸商与贪官结合得越紧密，黎民百姓日子越不好过。纳言冯常建议解除专卖独占，王莽大怒，将他免职。

不止五均六筦，新政府的法令多如牛毛，又繁琐苛刻，人民动辄得咎。再加上徭役繁重，占走农人耕田的时间；水利不修，导致旱灾；旱灾之后，总是引起蝗灾；监狱里羁押的犯人长久不能结案；官吏贪暴，吃定小民。富者尚且不能自保，贫者更无以生存。于是，富者、贫者都“上山打游击”，成了土匪——这就是前章描述的情境。

王莽篡汉立新第七年，民间传言纷纷：有一条黄龙坠落到黄山宫（宫是道教庙宇，黄山宫位在今陕西省）中，跌死。消息传开，老百姓奔走相告，前往观看的超过一万人。

龙代表皇帝，黄又是皇帝的颜色，黄龙坠地而死，这个象征意义太强了，像是“始皇帝死而地分”的复制版。王莽本人迷信这些

东西，听说这件事情，心里大为不爽，下令逮捕围观者，追查谣言来源，却查不出个所以然来。

来年，发生大地震，刚好又碰上大雪成灾。积雪最深的地方，厚达一丈，连最耐寒的植物，包括竹子、柏树都被冻死。大司空王邑上书，以地震为理由，自请辞职。这是一记马屁：高级官员为地震下台，表示不是冲着皇帝来的。

王莽对王邑这个动作很欣赏，想要慰留他，可是地震却是事实，又怎么“化解”呢？

王莽在辞呈上批示：“大地有‘震’、有‘动’，震有害而动无害。《春秋》记载地震，没说对国运有害。而《易经》《系辞》只说‘坤动（坤就是地），动静配合得宜，万物欣欣向荣’。”

王莽自以为君权神授，乃制造了一个神话：“我将与黄帝一样，成仙升天。”这个神话一放出去，听到的人都哑然失笑。

纯神话没有用，王莽再下诏：“黄帝当年平定天下，身兼大将军，中央政府设大将，地方政府设大司马。我接受符命当皇帝，也将做如此安排。”

【原典再现】

大司空王邑以地震乞骸骨，莽不许，曰：“夫地有动有震，震者有害，动者不害。《春秋》记地震，《易·系》坤动，动静辟翕[1]，万物生焉。”

——《资治通鉴·汉纪三十》

① 翕：音“系”，相合。动静辟翕：动静与君权相合。

于是设立五军（前后左右中）大司马，三十县首长一律加大将军、偏将军、校尉等称号。以为这样一来，地方官成了“神兵”，就可以镇压变民。

如此态度对待民变与天象示警，结果当然是变本加厉的：

临淮人瓜田仪盘踞会稽郡长洲苑（今苏州一带），琅琊的吕母为子报仇，聚众数千人，杀了海苗县宰，乘船入海为盗，人数超过万人。

荆州连年发生饥荒，人民进入山泽挖食野菜。人数越来越多，野菜数量有限，饥民为了野菜相互攻击。新市（今湖北省京山县）人王匡、王凤出面为饥民排解纠纷，乃成为首领，拥众数百人。附近的亡命客闻风来投，数月之间，集结七、八千人。饥民开始攻掠村庄聚落，盘踞绿林山，后来成为“绿林军”。

山东泰山人樊崇聚集一万余人，会合附近的徐宣、谢禄、杨音，总共数万人之众，攻打莒城，未下，就在青州（山东省中部）、徐州（江苏省北部）流窜，劫掠村庄，这一支后来被称为“赤眉”。

有一个方士郅恽，精通星象历法，推算汉帝国必将复兴，上书王莽，建议将政权归还刘氏，以符合“天意”。王莽将他下狱，可是来年遇到大赦，他又恢复自由了。于是，民间开始流传：刘氏将再起。又一位术士王况，告诉魏成太守李焉：“汉室必将复兴，姓李的将会当辅佐大臣。”还为李焉编了一本谶书（神秘预言的一种），后来被人告发，两人都斩首——这些，都意味着人心思汉。

王莽对这种民间传言极为厌恶，可是他又十分迷信。于是，他派出武装军人，到汉高祖刘邦的祭庙，用武器捶打墙壁、捣毁门窗，用桃木煮水，四处浇泼，又用沾污红泥的皮鞭鞭打墙壁——破坏汉室刘姓的风水！此等行径，看在王莽的亲信、甚至亲人眼里，认为他的精神已经错乱，于是渐渐离心离德。

35．众叛亲离：在“精神错乱”的路上越走越远

全国到处发生民变之时，一场狂风侵袭新朝首都长安，大风吹垮了未央宫王路堂（前殿），王莽为了“上应天象”，下诏废太子：

“前些日子发生烈风雷雨折木毁屋的异象，我内心为之惶恐。自我检讨十天之后，终于想通了，原来都是名不正的缘故。太子王临是弟弟，不应该凌驾哥哥王安之上。所以，现在立王安为新迁王，王临为纪义阳王。”

说是为了天象，是为了名正言顺，王莽废太子其实另有隐情：王莽曾“临幸”皇后宫中一名女侍原碧，而王临入宫照顾失明的母亲，也跟原碧私通。王莽略有耳闻，两人担心奸情败露，乃密谋害死王莽。

王临的妻子刘愔，是国师刘秀的女儿，对星象很有研究。她告诉王临，皇宫中将有“白衣会”（丧事），王临私心窃喜，认为“大事”可成。

可是王临被王莽废掉了太子之位，不许再进入皇宫，心中疑

惧，就写了一封信给母亲，信中提及：“之前王宇、王获都不满三十岁就死了（被王莽“大义灭亲”），我今年正好三十，深恐不知身死何所！”

王皇后目盲多年，信件必须念给她听，念完就放在桌上。王莽下次来探视皇后时，看到了那封信，当场色变，怀疑王临不怀好意。

等到王皇后去世，王莽不许王临参加丧礼，并在下葬之后，逮捕原碧拷问。原碧坦承奸情及阴谋，王莽下令杀人灭口，尸体就埋在监狱某处，家人都不知所在。

王莽赐王临毒药，王临不肯服毒，拔剑自杀。王莽下诏刘秀：“王临不懂星象，都是你女儿起的头。”于是刘愔也自杀。

过不久，另一位皇子王安也病死。王莽一下子失去了皇后与两名皇子，陷入没有子嗣的恐慌，乃将两名私生子接来长安。

人民叛变，亲人死亡，王莽这个“独夫”却还要逼得亲信离心。

一位中央派去豫州查案的官员被变民军虏获，变民送他到县城，毫发无伤。这位官员回到长安，上书报告：“四方变民基本上都是因为活不下，才铤而走险，虽然聚众为盗，却总希望年景好转，仍可以回家耕田。因此，为数上万，乃至数万的变民集团，大都不攻击城市。地方政府首长间有战死者，但很多都不是死于变民之手，而是乱战中死于己方部队的互斗。”

王莽看到那份报告，大怒，于是下书责备“七公”（四辅加三公）：

“明察奸恶，捕杀盗贼是官吏的责任。可是现在却不然，盗贼四起，结党成群，劫掠驿车、掳掠政府官员。而官员居然还为盗匪脱罪，认为他们是‘日子贫苦才当土匪’。你们七公应该严格督促卿大夫及地方官，好好照顾善良人民，加紧搜捕剿灭盗匪。如果不同心协力缉拿盗匪，而以‘饥寒’搪塞，将立即逮捕下狱究办。”

这下子，全体政府官员陷入恐惧，再也没有人敢反映实情。可是王莽又不授权州郡得径自发兵，各地变民情况遂失去控制。

36. 赤眉军：把农民逼成军人

变民其实都是想等待时机好转，再回家种田，可是却一步步被逼上绝路。青州、徐州（古齐地，今山东一带）的赤眉军就是最明显的例子。

翼平郡（今山东省诸城县）太守田况，发动郡内十八岁以上丁壮四万余人，打开武库，发给他们武器，一同宣誓保卫家园，将誓词刻在石头上。樊崇等变民集团听说此事，乃不敢侵入郡界。

田况的动作是违反律令的，罪名是擅自动员军队。田况上书自我弹劾，王莽下诏责备："朝廷未颁发虎符，而擅自发兵，有罪。然而，田况是因为有把握打胜仗才胆敢如此，暂且不交付军法审判。"

后来，田况请求出境（超越郡界）击贼，朝廷批准，所向皆捷。王莽下诏，命令田况兼任青、徐二州州牧。

田况上书说："盗贼（变民）最初发生时，起因都是小状况，基层小吏甚至伍保（村里守望队）就可以处理。只因为地方政府漫不经心，县欺瞒郡，郡欺瞒朝廷，百人说是十人，千人说是百人。朝廷因此低估事件的严重程度（其实是因为王莽不爱听坏消息），遂至蔓延数州。到了情况不可收拾才派出大军，使者四出追查究责，郡县政府只能侍奉巴结、应对塞责，供应酒食、奉献金钱，以求不死，更无暇管理盗贼，也无心行政。而朝廷派出的将帅又不能身先士卒，一旦交战就被盗贼打败，官兵军纪败坏，士气沮落，转而伤害百姓。

“在此之前，有些变民幸蒙赦免，原本就要解散了，没想到又受到攻击，他们在恐惧之下，再逃入山谷，并相互转告，以致已投降的人又复作乱。十天之内，可以集结十余万人，这才是盗贼之所以越剿越多的原因！

“如今，一味派出将帅，郡县负担沉重，比应付盗贼还辛苦。请陛下召回派到各地的使者，让郡县得到休息。将青、徐二州的剿匪责任全权委交我田况，一定能够平定。”

田况的奏章完全切中问题核心，但是，王莽面对如此干才，却突生狐疑之心，反而担心他太强了。于是王莽派出使节，当着田况的面，“调升”田况为师尉大夫（大长安地区的一个郡长），使节实时接管田况兵权。

田况离职后，齐地情况愈发不可收拾。王莽派出中央大军征剿，可是这些官兵却不堪一击。

在一次战役中，政府军司令官景尚被击毙，王莽只好派出精锐军队，由一线将领担任剿匪司令：他们是太师王匡、更始将军廉丹。

当初起义时，各股变民之间相互约定：“杀人抵命，伤人抵创。”变民集团中最尊贵的称号是“三老”“从事”“卒史”等，都是县政府以下的基层公务员头衔，脑袋里根本没有“王、侯、将军”等念头——这跟秦末起义军有着本质上的不同。易言之，原本毫无野心，只是吃不饱而为盗，现在开始产生质变。

听说新政府的太师与将军率领十余万精兵前来，担心部众与政府军接战时，难以辨识敌我，于是通令“将眉毛染成红色”。从此，这一支变民就被称为“赤眉”——有识别、有番号，那就是正式造反了。

另一方面，王匡与廉丹的十余万大军，浩浩荡荡向东进发，军纪败坏，所过之处放纵士兵为所欲为。

关东地区人民发出哀号：“宁愿碰到赤眉，不愿碰上太师；碰上太师还可以活，碰上更始铁定没命！”

这一支剿匪大军由王匡担任名义上的总司令，但实际上会打仗的是廉丹。王莽下诏给廉丹，催促出战：“将军身负国家重任，如果不肯投身战场，实无以报国，无以尽责！”

廉丹是军人世家，接诏惶恐。当天晚上，将诏书给幕僚冯衍看。冯衍也是军人世家，趁机向廉丹建议观望待变：“新朝建立，天下英雄豪杰没有人服气。如今全国大乱、农村经济崩溃，人民思念汉朝的美好日子，超过周人怀念召公。我为将军计算，最好是将部队驻扎到一个富饶的大郡，粮食、土地、兵源都充足，在那里训练砥砺，招纳天下英雄豪杰，征求各方智慧谋略，为国家谋利，为人民除害。那样，将军的功业与福禄将永垂青史。何必带领军队，一同在战场上覆灭，尸体与草木同朽，也让祖先蒙羞呢！”廉丹没有接受。

大军首战得胜，攻下打着赤眉旗号的一个县，杀一万余人。王

【原典再现】

匡、丹合将锐士十余万人，所过放纵。东方为之语曰：“宁逢赤眉，不逢太师；太师尚可，更始杀我。”

——《资治通鉴·汉纪三十》

莽派使者赴前线慰劳，晋封王匡与廉丹为公爵，另外封有功将领十余人。

王匡主张乘胜追击，再进攻梁郡（河南商丘）。那里有赤眉军数万人，廉丹认为大军应休养一段时间，但王匡不听，独自领军挺进，廉丹只好跟上。

两军在成昌会战，政府军大败，王匡逃走。廉丹派人将更始将军的印、绂、节都送去给王匡，叹息说："小孩子可以逃命，我不可以。"再投入战场，结果战死。部下校尉汝云、王隆等二十余人在酣战中得到消息，说："廉公死了，我们还为谁活着？"冲入敌阵，全部牺牲。

这一仗打完，新政府对变民已不复再有"征剿"的架势，改为守势，而赤眉则成为变民军当中最强大的一股力量。

37. 刘演起兵：汉朝的复兴

早在王莽摄政时期，民间就流传一段图谶文字：刘秀发兵捕不道，四夷云集龙斗野，四七之际火为主。这一段让人完全看不懂的文字，却在后来“人心思汉”气氛中，转化成“刘秀当为天子”的传言。

因为这个传言，居然有一个人为此改名：王莽的国师刘歆。这刘歆是位大学者，“九流十家”就是他分类的。

刘歆非常相信阴阳家那一套，因而改名为刘秀。而一个臣子做如此动作，其实是一种“不臣之心”，是可以杀头的罪名，但王莽没有追究他这件事。这位改名的刘秀事实上也没有造反，可是另一位刘秀却造反了。

南阳（今湖北、河南交界一带）郡有一家刘姓三兄弟，刘演、刘仲、刘秀。算起来是皇族的一支，父亲刘钦早死，三兄弟由叔叔刘良抚养长大。

老大刘演性格刚毅，野心勃勃。自从王莽篡汉之后，他便愤愤不平，怀抱复兴汉室的大志。因而不事农耕生产，不惜变卖家产，倾心交结四方豪杰之士。

小弟刘秀相貌不凡，“隆准日角”（鼻头高，额角突出），勤于农事。

大哥刘演经常将小弟比做高祖的二哥刘喜，这又有典故：刘喜勤于耕种，刘太公（刘邦父亲刘执嘉）常夸奖老二，而责备老三。后来刘邦当了皇帝，向太公敬酒，说：“您老人家以前老是怪我不事生产，不如二哥。如今，谁的产业比我更多？”也就是说，刘演自比刘邦，有天下大志！

刘秀的姐姐刘元嫁给邓晨，有一次，刘秀与姐夫邓晨一块儿去拜访一位术士蔡少公。蔡少公对图谶很有研究，认为“刘秀会成为天子”，一旁有人接口：“难道是国师公刘秀吗？”刘秀开玩笑地说：“你怎么知道不是我呢？”在座众人哄堂大笑，只有邓晨私心窃喜，认为小舅子必有大成就。

宛城（也在南阳郡）有一位学者李守，也喜欢研究星象与图谶，对他的儿子李通说：“刘氏将复兴，李氏辅佐他。”后来变民

【原典再现】

秀隆准日角，性勤稼穑；演常非笑之，比于高祖兄仲[①]。

秀姐元为新野邓晨妻，秀尝与晨俱过穰人[②]蔡少公，少公颇学图谶，言“刘秀当为天子”；或曰：“是国师公刘秀乎？”秀戏曰：“何用知非仆邪？”坐者皆大笑，晨心独喜。

——《资治通鉴·汉纪三十》

---

① 仲：老二。高祖兄仲：刘邦的二哥刘喜。
② 穰：音“ráng”，意同“禳”，祈祷。禳人：为人祈祷的术士。穰人当系专为田产祈祷之人。

集团纷起，成为革命军队，李通的堂弟李轶对李通说："天下已乱，汉皇室将复兴，南阳地区的刘姓皇族当中，只有刘伯升（刘演字伯升）兄弟得到众心，可以共谋大事。"

李通表示正有此意，刚好刘秀到宛城来卖米，李通派李轶去找到刘秀，接他到家里款待，谈谶文（刘秀当为天子）之事。双方决定藉立秋骑兵校阅的日子，劫持南阳郡军政首长，号令军队起义。

李轶与刘秀回去南阳招募义军，刘演将春陵豪杰集合，对他们说："王莽暴虐，百姓分崩离析，我们今天要高举义帜，复兴高祖的基业，建立万世之功！"众人轰然响应，于是各自回乡号召群众，在各县起兵。春陵子弟原本对"起义"非常害怕，认为"伯升会害死我们"。及至看到刘秀也全副武装出现，惊讶地说："连这位老实人也敢革命呀！"这才人心大定，集结七、八千人，刘演担任司令，自称"柱天都部"。由于这支军队是刘氏族为主力，被称为"汉军"。

38．更始皇帝：两兄弟的明争暗斗

最早起兵，聚集在绿林（今湖北当阳）的那股变民，因为遭到瘟疫，死亡超过二万五千人，将近全部人数的一半。变民原本就是因为活不下去而啸聚山林，这下遭遇致死的流行病侵袭，被迫离开瘟疫地区，并分裂成两路：一路向西移动，称“下江兵”；一路向北移动，称“新市兵”。他们的首领都称“将军”，显示这一支变民军已质变为起义军，比山东最大股（赤眉）更有革命的企图心。

新市兵在往北移动途中，与另一支变民“平林兵”会合，进入南阳地区，正好是汉军起义之时。刘演派人去跟他们联络，一同攻击长聚，并屠杀唐子全城。如此军纪荡然的杂牌军，在第一次胜仗之后，就因分赃不均而内讧，新市兵与平林兵闹着要攻打汉军。解决这个状况的人是刘秀，他将所有劫掠而来的财物，全部分给新市兵与平林兵，大家回嗔作喜，继续向前挺进。

刘演带领联军与南阳郡的政府军会战，大雾弥漫，汉军大败。刘秀单人孤马逃走，遇到妹妹刘伯姬，带她上马，两人共一骑逃命。后来又遇到姐姐刘元，刘秀催促她上马，刘元说：“你们快逃吧，不必死在一块儿！”说着，追兵已到，刘元与她的三个女儿都遭杀害，刘氏族人死了数十人，包括刘秀的二哥刘仲。

新市兵与平林兵见汉兵大败，信心动摇，想要从战场撤退。正在此时，下江兵五千余人前来，刘演带着刘秀、李通去见他们的首领王常，分析“合则利，分则危”，王常顿悟“王莽残虐，百姓思汉”，乃与刘演相约结盟。

下江兵其他将领不服刘演，王常说服他们：“我们都是平民老百姓，相聚在草泽，如果仗恃自己强壮勇敢，就纵情恣欲，必定自取灭亡。”于是下江兵加入汉军，再会合新市兵与平林兵，军容复振。联军休养三天后，分六路出击，先偷袭获取南阳郡政府军的辎重（后勤补给），再大破南阳郡军队。然后挺进到宛城，与新政府派出的剿匪军将领严尤、陈茂会战，大胜。

至此，刘演的汉军已有十余万兵力，因而让新市兵、平林兵感到了威胁。于是，他们要推戴一个傀儡，以压抑刘演的风头。可是碍着刘演是汉室皇族，其他土匪不姓刘，难以得到众人认同。

找来找去，平林兵中有一位“更始将军”刘玄，与刘演是刘姓皇族同一支的堂兄，于是新市兵与平林兵乃合谋拥戴刘玄，以制衡刘演。

平林兵陈牧与新市兵王凤“先讲先赢”，刘演只能故示大方，说：“青徐二州的赤眉已有数十万人，如果他们也拥立一位刘姓皇族，新朝虽未灭，刘姓宗室已经自己打了起来，将令天下人心不安。同时，我们现在的地盘不过三百里，称帝举动树大招风，恐招致本地人民承受灾难，不是好的策略。我建议先称‘王’，同样可以号召人心，也有生杀大权。若赤眉拥立的人比较贤能，我们去投奔他，也不会因而被取消爵位。如果赤眉不成气候，我们灭了王莽、收拾赤眉，再称帝不迟。”

刘演的意见，多数将领赞同，只有新市兵将领张卬听出不对，这分明是刘演给刘玄“穿小鞋”，于是他拔剑击地，说：“对前途持怀疑态度，怎么会成功？今天的决定，不能有第二个想法！”这话也对，刘演的说法是保留后路（事不成则投奔赤眉），不是革命团体应有的思考，于是大家一致赞成，拥戴刘玄称帝。

淯水河畔沙滩上，堆起了一座高坛，刘玄在坛上即皇帝位，面向南方站立，接受群众朝拜，国号为汉，年号用更始，史称“玄汉”。可是这位新皇帝既紧张又羞愧，满头大汗，只有举手示意的能力，口中却讲不出一句话来。他的表现令现场许多英雄豪杰失望，内心不服。

【原典再现】

……设坛场于淯水上沙中，玄即皇帝位，南面立，朝群臣，羞愧流汗，举手不能言……由是豪杰失望，多不服。

——《资治通鉴·汉纪三十一》

39．巨无霸：一支人兽并存的王牌部队

当初王莽发动十路大军征伐匈奴时，曾下诏征求天下奇技之士。当时有数以万计的人上书：

有人宣称渡水不用舟船，只要马匹首尾相接，就可以运渡百万雄师；有人宣称不必携带粮秣，只吃药就可以让三军都不会饥饿；

【原典再现】

又博募有奇技术可以攻匈奴者，将待以不次之位，言便宜[①]者以万数：或言能渡水不用舟楫，连马接骑，济[②]百万师；或言不持斗粮，服食药物，三军不饥；或言能飞，一日千里，可窥[③]匈奴。莽辄试之，取大鸟翮为两翼，头与身皆着毛，通引环纽，飞数百步堕。莽知其不可用，苟欲获其名，皆拜为理军，赐以车马，待发。

——《资治通鉴·汉纪三十》

① 便宜：可行，用法如“便宜行事”。
② 济：渡过。
③ 窥：侦察。

甚至有人宣称能够飞翔，一日千里，可以侦察匈奴军情。

王莽亲自面试那位“飞人”。见他用大鸟的粗壮羽毛（翮）做成两个翅膀，从头到身粘满羽毛，以环扣连接翅膀，结果还“飞”了几百步才坠地。

王莽明知道这些货色没一个有用，但一来顾虑到面子问题，二来他还真的是很迷信，期待终有一天会遇到“神人”，为了不杜绝奇技之士的来路，于是下令赏赐他们车马，等待出征。

这些奇技之士当中，有一名巨无霸，身高一丈，腰粗十围（十人合抱），自称生长在蓬莱东南方五城西北的“昭如海”畔（方士传说中，海上仙山蓬莱有五城、十二楼）。小车载不下，三匹马拉不动。睡觉头枕战鼓，吃饭以铁棍为箸。地方官以四马大车送他到长安，王莽下令，叫他停在新丰待命。

征伐匈奴的大军，事实上始终没有出塞。如今全国变民蜂起，政府军一再战败，王莽乃出动这支“压箱底”王牌部队，由司空王邑与司徒王寻领军，六十三位精通兵法的参谋随行，巨无霸担任垒尉（营区司令），还带了大量猛兽——虎、豹、犀、象等助威。大军共四十三万人，号称百万，旌旗、辎重、人马千里不绝。与严尤、陈茂会合后，大军压向玄汉军队。

【原典再现】

有奇士，长丈、大十围，自谓巨毋霸，出于蓬莱东南五城西北昭如海濒。轺车不能载，三马不能胜。霸卧则枕鼓，以铁箸食。

——《资治通鉴·汉纪三十》

40. 昆阳大捷：一战摧大敌，顿使何宇平

新朝大军杀来，前线的玄汉变民军不敢对抗，各自退兵，最后都退进了昆阳城（今河南叶县）。昆阳城里弥漫着恐怖气息，将领们挂念自己的妻儿老小，于是有人主张化整为零，各自散去，美其名曰“不让敌人捕捉到主力”。

这个节骨眼上，唯一持反对意见的，只有刘秀一个。他说：“我们兵力既少，粮食更少，而敌人却强大无比。如果合力御敌，还有成功的机会，一旦散去，必定被逐一收拾。目前，宛城的军队还不能来救，万一昆阳被拔，其他部队将在一日之间被消灭殆尽。这是只能拼死守城的局面，想不到各位非但不能肝胆相照，誓死同心，反而只想到妻子儿女！”

诸将大怒，对着刘秀咆哮：“你怎么敢说出这种话！”刘秀笑笑，起身离席。

刘秀才出去，探马来报：“敌人大军即将到达城北，连营数百里，看不见尾巴。”

那些刚才对刘秀大呼小叫的将领，面对紧急状况，不知所措，只好再去请刘秀回来商量。

刘秀不愠不火，对着地图分析情势。诸将早没了主意，只好说：“全听你的。”

当时昆阳城中只有八、九千兵力，敌人号称百万。刘秀吩咐王凤（新市兵）与王常（下江兵）守昆阳，自己与李铁等十三人，冲出南城，征召附近变民军来救。事实上，围城军队已有十余万人，刘秀差一点无法突围。

闻报被冲出十几骑，王邑才下令“包围昆阳”。严尤建议：“昆阳城小而坚固，守军人数不必很多，攻城部队却不易成功。如今那个窃号称帝的家伙（指更始皇帝刘玄）不在这里而在宛城。我们大军攻向宛城，宛城解决了，昆阳自然平定。”

王邑说：“我率领百万大军，遇到第一个叛军城池，如果打不下来，无以展现军威。我要先攻下此城，屠杀全城，踏着敌人的鲜血前进，前锋高歌，后部舞蹈，岂不快哉！”

王邑下令，对昆阳布下数十重包围，营寨数以百计，钲鼓之声传至数十里外。日以继夜地攻城，挖地道、冲撞城门，箭下如蝗、矢下如雨，城中守军必须背着门板才能汲水。

昆阳守军统帅王凤请求投降，可是王邑断然拒绝（一心想要屠城），认为胜利就在眼前，对敌人毫不在意。

懂兵法的严尤提出警告：“孙子兵法说‘围师必阙’，应该留一

【原典再现】

邑曰：“今将百万之众，遇城而不能下，非所以示威也。当先屠此城，蹀血[1]而进，前歌后舞，顾不快哉！”

——《资治通鉴·汉纪三十一》

①蹀：音“跌”，踩踏。

个缺口，让败兵逃去，将恐怖带去宛城。”可是王邑完全听不进去。

不许投降，又逃不出去，昆阳守军乃只有死守一途。另一方面，刘秀突围后，在郾城、定陵一带征调所有可能征调到的变民军队。有些将领贪惜掠夺来的财宝，想要保留兵力看守，刘秀对他们说：“这一次若能打败敌人，等待我们享用的财宝何止万倍？若被敌人打败，人头都没了，要财宝有何用？”诸将被他说服，乃投入所有兵力。

各路变民军驰援昆阳，刘秀亲率一千兵力为前锋，在距离王邑大军四、五里的地方布阵。王邑派出数千人挑战，刘秀领军冲锋，斩首数十级。

刘秀赢了第一回合，乘胜挺进。王邑军队阵脚松动，向后退却，玄汉各路援军趁势攻击，斩首数百、千人。这下子就像骨牌效应般，一连串小胜利累积成大战果。玄汉军诸将的胆气因胜利而越壮，莫不以一当百。

刘秀再领三千人组成敢死队，沿着西城护城河，直冲王邑指挥部。王邑与王寻未将这支敌军放在眼里，自领一万余人，结阵以待；下令各营，不得允许，不得出动，想要亲自收拾闯入包围圈的敢死队。

孰料，一经接触，新军无法抵挡汉军，只好向后撤退。各营未奉命令，不敢增援。王邑、王寻阵脚大乱，汉军冲垮了新军阵脚，王寻在乱军中被杀。

困守城内的玄汉军将领望见，一个个都受到激励，说：“刘秀平素遇到小撮敌人都会胆怯，如今遭逢强大敌人却如此勇敢，真是奇怪。还敢亲自带队冲锋，我们不应该在城上观战，应该下去与他一同杀敌。”

于是，昆阳城内守军开城杀出，前后夹击，杀声震天。王莽大军哗然崩溃奔逃，人马相互践踏，百里内伏尸遍地。又恰遇风云变色，巨雷狂风，屋瓦飞荡，大雨倾盆而下，河水暴涨，新军带来的虎豹猛兽在木笼中战栗，士卒淹死者上万人。

王邑带着严尤、陈茂，抛弃辎重，轻骑逃出，踏着士卒的尸体渡过河水，狼狈地逃回洛阳。数十万大军溃散，散兵各自逃回各自郡县，无法再集结。

这一场昆阳大战，列入中国历史上十大战役之一。经此扭转局面的一战，各地义军纷起，杀死州牧、郡守，自称将军，全都打着“汉”的旗号，等待玄汉政府的指令——这是“人心思汉”的最高潮时刻，王莽的新朝政令已出不了关中地区。

【原典再现】

秀乃与敢死者三千人，从城西水上冲中坚。寻、邑易[①]之，自将万余人行阵，敕诸营皆按部勿得动，独迎与汉兵战，不利，大军不敢擅相救；寻、邑阵乱，汉兵乘锐崩之[②]，遂杀王寻。城内亦鼓噪而出，中外合势，震呼动天地。莽兵大溃，走者相腾践，伏尸百余里。

会大雷、风，屋瓦皆飞，雨下如注，滍川盛溢，虎豹皆股战[③]，士卒赴水溺死者以万数，水为之不流。

——《资治通鉴·汉纪三十一》

---

① 易：轻敌。
② 崩：崩溃。乘锐崩之：乘着胜利锐气击溃敌军。
③ 战：战栗。股战：（虎豹）四腿打抖。

41．更始杀刘演：兄弟撕破脸

前线打了大胜仗，后方却上演铲除异己。

更始皇帝刘玄是个傀儡，他身后的支持主力是新市兵与平林兵。新市兵首领王凤在昆阳大战中，见识到刘秀的不凡表现，却未因此佩服刘秀，也毫不感激刘秀领头打赢了这决定性的一仗，反而对刘氏兄弟的威名日盛更加嫉妒。就联合平林兵首领陈牧等，阴谋指使刘玄除去刘演兄弟。

刘秀感觉到气氛诡异，对老哥刘演说："情形有点不对劲。"

刘演有着江湖豪气，笑着对弟弟说："没什么，一向如此。"——基本上，刘演瞧不起这些因为吃不饱才作乱的农夫。

有一次，更始皇帝大会诸将，让刘演拿出他的宝剑，刘玄取过

【原典再现】

更始大会诸将，取演宝剑视之。绣衣御史申屠建随献玉玦，更始不敢发。

演舅樊宏谓演曰："建得无有范增之意乎？"演不应。

——《资治通鉴·汉纪三十一》

来观看。这时，绣衣御史申屠建随即向皇帝呈上玉玦，可是刘玄没有动作。刘演的舅舅樊宏对刘演说："申屠建是什么意思？莫非是想扮演范增的角色吗？"刘演不回答。

樊宏指的，是鸿门宴的故事：鸿门宴上，范增举起玉玦，暗示项羽下手除去刘邦（玦是决断的象征）。申屠建的动作委实露骨，史书记载更始皇帝刘玄"不敢"行动，但也有可能是刘玄不明白献玦的意思。

无论如何，玄汉帝国内部已经是"山雨欲来风满楼"，刘家军与新市、平林兵之间，相互猜忌，随时爆发。

更始帝任命刘家军的将领刘稷为抗威将军，刘稷拒绝，还说："最初起兵是伯升（刘演字伯升）兄弟，如今这个更始，当初是干什么的？"

刘玄不能忍受这种态度，就在一次阅兵场合上，逮捕刘稷，下令处死。刘演当然力争不可，这时刘演的亲信李轶（与刘秀在昆阳一同突围的十三人之一）出卖老大，与新市兵将领朱鲔建议更始帝，一不做、二不休，连同刘演一道逮捕，当天就杀了。

事情发生时，刘秀人在前线，闻讯奔回宛城请罪。刘演旧属齐集迎接刘秀（等待指示），刘秀不跟他们做言语上交谈，只深深地鞠躬答礼。晋见更始帝，绝口不提昆阳大捷的功劳，也不为刘演服丧，饮食、言语一如平常，兄丧只当没事。

刘秀如此表现，令刘玄自觉惭愧，擢升刘秀为破虏大将军，封武信侯。玄汉军因而未发生内斗火并，仍然矛头一致，指向王莽。

42. 王莽恶贯满盈：骗不了别人，只能骗骗自己

玄汉军发出檄文，指控“王莽毒死汉平帝（刘箕子）”，高举“兴汉灭莽”的旗帜。由于人心思汉，这个政治号召深深打动人心。王莽为了表白，在未央宫王路堂召集百官，开启金匮，取出当初平帝病危时，向天请命的那件文书，一面念，一面痛哭流涕，向百官表白。可是这一招已经无效。

“学周公”无效，王莽再使出另一招“有神助”：将白头发染黑，立了一位新的皇后，还新娶一百二十位姬妾。这些都是企图引导人们联想：“皇帝返老还童，莫非有神仙帮助他？”这招同样无效。事实上，这一套曾经愚弄天下人的招数，现在通通骗不了人，只能骗到王莽自己。当然，王莽的亲信们看得非常清楚，事已不可为，个个开始寻找后路。

一位术士西门君惠对卫将军王涉说：“谶文中明白指出，刘氏将复兴，而且名叫刘秀。”他指的，当然是原名刘歆，却为了“上应天命”而改名的国师公刘秀（为免混淆，仍称他刘歆）。

于是王涉乃与刘歆、大司马董忠、司中大赘（宫廷禁卫军副司令）孙伋结盟，阴谋劫持王莽，向玄汉帝国投降，以保全自己的家族。

可是孙伋不认为这两个家伙能够成事，因而向王莽告密。王莽召见董忠诘问，当场格杀。教殿前虎贲卫士以斩马剑将董忠剁成肉酱，逮捕他全族，全部诛杀，然后通通推进一个大坑，浇上醋酸、毒药，以利刃、荆棘搅拌后埋葬。刘歆与王涉得到消息，两人都自杀。

王涉是王根的儿子，王根是最初推荐王莽担任大司马的贵人；而刘歆，更是王莽头号心腹；这件事对王莽实在是颜面无光，传出去更有损领导威信，只好秘而不宣。

众叛亲离，王莽已经不敢相信任何人，当初篡汉立新时的雄心壮志，顿时荡然无存，莫说无心考虑如何对付匈奴，连关中以外的州郡，都不再有心思。至此，王莽已陷入深度忧虑，自卑自怜加上恼羞成怒，使他食不下咽，成天饮酒浇愁，配一点鲍鱼。精神稍好的时间，都用来读兵书，疲倦了就靠着几案入睡，上床反而不成寐！

光“看”兵书无济于战事，前线噩耗不断传来，王莽忧惧交加，却又束手无策。大司空崔发说：“古时候，国家发生重大灾难，

【原典再现】

崔发言：“古者国有大灾，则哭以厌之[①]。宜告天以求救！”莽乃率群臣至南郊，陈其符命本末[②]，仰天大哭，气尽，伏而叩头。诸生小民旦夕会哭，为设餐粥；甚悲哀者，除以为郎，郎至五千余人。

——《资治通鉴·汉纪三十一》

① 《周礼》记载：国家有大灾难时，由女巫一面唱、一面哭，向上天哀告。
② 向上天陈述他受到符命当皇帝的经过。

都以哭声化解，我们应该以哭声向上天哀告！”

于是王莽亲率群臣，到长安南郊，向上天陈述符命本末，然后仰天大哭，哭得上气不接下气，再伏地叩头。

王莽本人应该是真情宣泄，毕竟他承受了那么多、那么大的压力。可是新朝的文武百官，还有动员来的儒生、老百姓，却没有不哭的自由：每天早晨、傍晚各聚集一次“会哭”，朝廷供应早餐与晚餐。哭得悲痛尽情者，就任命为郎官，那一阵子，郎官多达五千多人！

哭天，当然是于事无补的，王莽还是得派出军队才行。先前的大军已经覆没，王莽做最后挣扎，一口气任命了九位将军，都以“虎”为号（如虎威将军、虎奋将军等），将北军（西汉以来，京师卫戍最精锐的部队）精兵数万人交给他们，出发东征。但是又担心他们倒戈，所以将他们的妻、子全部接到宫中，作为人质。

当时，宫廷所存黄金还有六十余万斤，另外还有大约等值的财物。可是王莽却舍不得重金赏赐军士，九虎将军所属，每人仅赏赐四千（约当四两银）。这使得军队怨气冲天，毫无斗志。

九虎大军开到华阴东方的回溪，据险自守。面对的还不是玄汉大军，而是一支关中地方的变民军。首领邓晔、于匡向官军展开攻击，九虎中六虎溃败，其中二虎逃回长安请罪、自杀，另四虎逃得不知去向；还剩三虎收集残兵败将，退保长安郊外的京师仓。

这一仗打完，关中地区南方门户（武关）大开。李松率领玄汉先锋部队三千人进入武关，与邓晔会师，合攻京师仓，不能攻克。于是兵分二路，绕过京师仓，进逼长安城下。

王莽再做困兽之斗，赦免监狱中的囚犯，发给他们武器，杀猪饮血，宣誓：“若有不为新朝卖力者，神鬼降罪。”由王莽的岳父更始将军史谌领军。这支罪犯志愿军呼吸到自由空气，出了城，才过渭桥，即刻一哄而散，史称空手而还。

变民军攻入长安城，长安城中年轻人也加入变民军，纵火焚烧工匠出入皇宫的便门，冲进未央宫。

王莽避火，一路逃到未央宫宣室前殿，他穿着绀（深青而泛赤）色衣服，手中拿着帝虞（舜）的匕首——当然是假的，因为帝舜为旧石器时代，不可能有金属兵器。王莽手执山寨版古代神器骗自己，身旁还带着天文郎（占卜官），为他找到了宫殿内最佳方位。王莽坐下，口中喃喃自语："天命在我，汉兵能拿我怎样？"（其实玄汉军还在城外）。

变民军杀进宣室殿，群臣簇拥王莽逃到渐台（水池中央的台阁），此时还有一千多人追随。变民军将渐台密密包围，台中守军的箭射完，变民军冲入，双方展开肉搏战。最后，三公大臣全部被杀，王莽当然也不能幸免，变民一拥而上，将王莽的尸体割成了碎块——为了要分功劳。

王莽的人头被送到宛城，悬在街市示众。老百姓恨死了王莽，用棍子击打悬挂的人头，还有人割了他的舌头。恨哪！

【原典再现】

莽赦城中囚徒，皆授兵，杀豨[①]，饮其血，与誓曰："有不为新室[②]者，社鬼记之！"使更始将军史谌将之。渡渭桥，皆散走，谌空还。

——《资治通鉴·汉纪三十一》

① 豨：猪。饮猪血盟誓，不知是什么仪式。
② 新室：新朝皇室。

43. 刘秀出柙：真正的一枝独“秀”

天下人心思汉，各路义军（变民军）都打着玄汉的旗号，奉更始正朔。但是，王莽灭亡了，玄汉朝廷直属的军队将领却已被自己劫掠来的财宝腐化。最传神的一幕，是更始皇帝刘玄接见出征回朝的将领时，劈头第一句话居然是：“这次出征，劫掠所得几何？”

玄汉灭了王莽，当时已经得到天下人心认同，可是刘玄的格局太小，却让天下复归混乱。齐地最大一支变民军赤眉的首领樊崇，带着二十多位头领前往洛阳，刘玄将他们都封为侯爵，可是却没有封邑。消息传到根据地，留在原地的部众开始有人背叛，因此樊崇等遂从洛阳逃回齐地，成为玄汉的对头。

玄汉诸将中，唯一作风迥异的是刘秀，他真的堪称一枝独“秀”。

王莽死后，玄汉帝国大将王匡（新市兵）攻陷洛阳，生擒了新朝太师王匡（两人同名，王匡擒王匡，妙哉）。更始皇帝刘玄决定迁都，由宛城迁去洛阳，任命刘秀为司隶校尉，派他去洛阳修缮宫殿与官府。

刘秀依照故汉朝的典章制度，组成自己的司隶（首都卫戍）总部，设官任职，用正式公文行令所属郡县。

当时，三辅（大长安）官员派出代表到洛阳去迎接更始皇帝，以示输诚。一路上看见义军将领没有头盔、冠帽，只用布巾包头，身上衣服如妇人一般，都掩口偷笑。等到了洛阳，看见司隶校尉属下的官员作为，激动得难以克制情绪，一些年纪较大的官吏，甚至感动到流泪，说：“没想到今天又见到大汉帝国的官员威仪！”

从此，有见识的人都心向刘秀。

刘秀自从老哥刘演被杀后，表面十分平静，但每逢单独自处，都不吃酒肉（以示哀悼），枕席间常留下泪痕。他如此谨慎，才让刘玄对他比较放心，才能保住性命，等待机会出现。

刘玄考虑前往河北（黄河以北）的招降宣抚大员，大司徒刘赐建议：“只有刘秀够条件。”平林兵将领反对，刘玄狐疑不决，经刘赐的大力劝说，刘玄才任命刘秀“行大司马事”，以皇帝使节身份，宣抚河北各郡。

大司马主簿冯异向刘秀提出建议：“更始为政混乱，人民无所依靠。人饥渴太久，就会饥不择食。阁下眼前有那么大一片土地可以挥洒，应该派遣官属，在各郡县实施善政。”刘秀采纳他的建议，所经郡县，考察官吏政绩，奖励有功的人，惩罚有罪的人，公平审理司法诉讼，官民一片欢腾，争相带着牛肉与美酒前往劳军，刘秀一概不接受招待。

脱离了更始控制的刘秀，有如猛虎出柙，天地无限宽广，光武中兴自此展开。

【原典再现】

时三辅吏士东迎更始，见诸将过，皆冠帻①而服妇人衣，莫不笑之；及见司隶僚属，皆欢喜不自胜，老吏或垂涕曰：“不图今日复见汉官威仪！”由是识者皆属心焉。

——《资治通鉴·汉纪三十一》

① 帻：音“则”，裹头发的布巾。冠帻：头上用布巾包住。

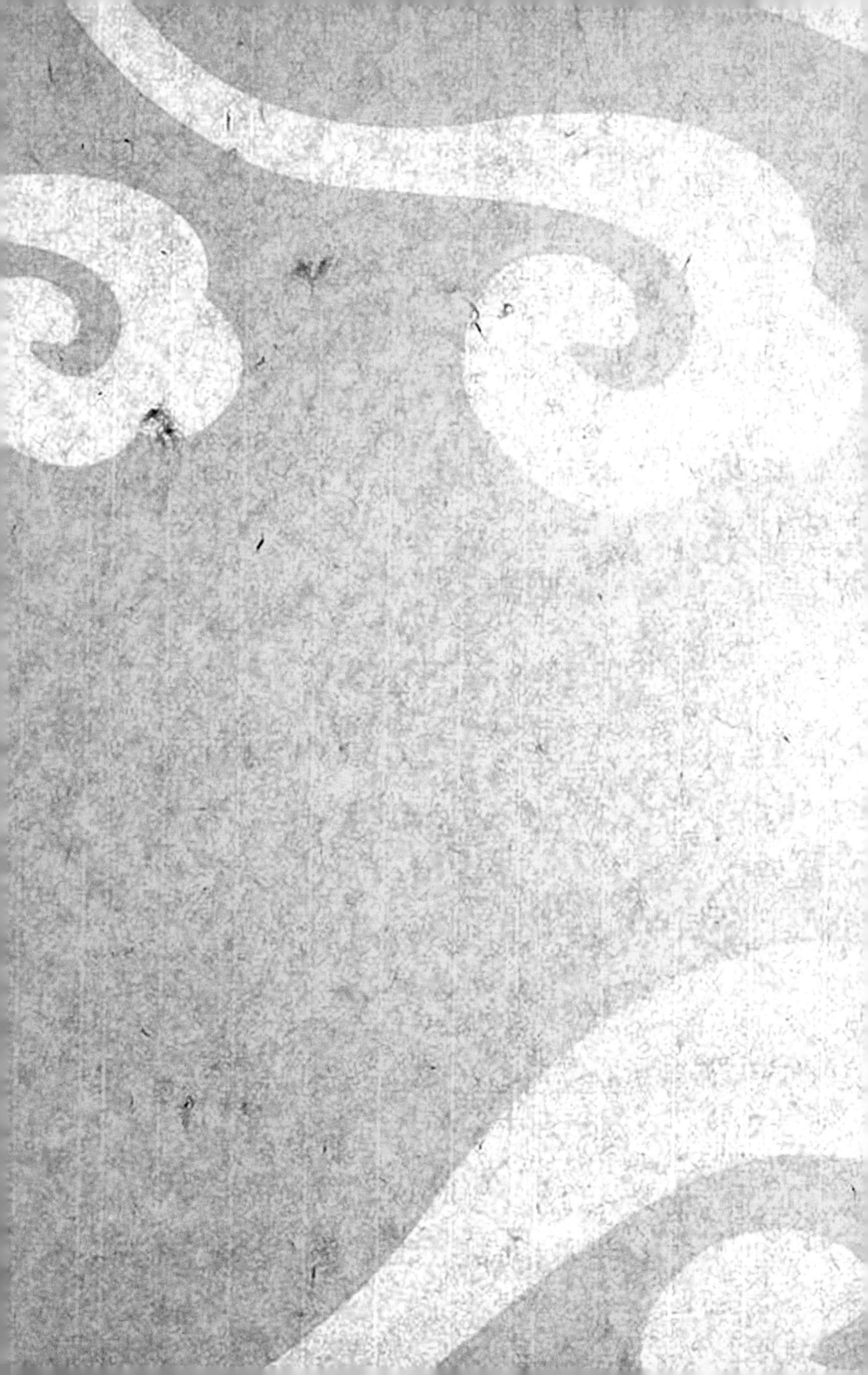

第三部 光武中兴

方今海内殽乱，人思明君，犹赤子之慕慈母。古之兴者在德厚薄，不以大小也！

——邓禹对刘秀说

天下大乱，人民渴望出现英明的君主，犹如婴儿渴望慈母一般。古时候凡是在乱世中兴起的，都是凭借他的德行深厚，不在于他的地盘大小。人民从『怨汉』到『思汉』，从『思汉』到『思莽』，究竟经历了什么？然而刘秀的方式，却不能保证帝国的永续。

44. 人才来归：不想当官的邓禹

中兴以人才为本，前章提及的冯异，是投奔刘秀的第一个人才。

昆阳大捷之后，刘秀进略父城不克，大军驻屯巾车乡。当时担任颍川郡掾（职司监察）的冯异巡视所属五县时，被刘秀部队生擒。

冯异对刘秀说："我的母亲住在父城，若能放我回去，我愿意献上五城，以报恩德。"刘秀就放了他。

冯异回到父城，对县长苗萌说："玄汉诸将一个比一个粗暴且横行，只有刘秀，所到之处从不掳掠。看他的言语举止，不是凡庸之辈。"言下之意，此人必成大器。苗萌听懂了，两人率同五县，向刘秀投诚。

第二位是刘秀的南阳同乡邓禹，他从家乡不辞跋涉投奔刘秀，

【原典再现】

异归，谓父城长苗萌曰："诸将多暴横，独刘将军所到不虏略，观其言语举止，非庸人也！"遂与萌率五县以降。

——《资治通鉴·汉纪三十一》

可是刘秀受命宣抚河北诸郡县，不在一个地方待太久。邓禹一路步行追赶，终于在鄴城追到，晋见刘秀。

刘秀对邓禹说："我得到授权可以封爵任官，先生远道而来，是有意入仕吗？"

邓禹说："不想做官。"

刘秀："那你想要什么？"

邓禹："希望阁下能成为天下之主，而我能在你属下效尺寸之力，让我得以名留青史。"

邓禹建议刘秀："王莽虽灭亡，山东（崤山以东）尚未平定，赤眉、青犊等变民军都拥兵数以万计。更始皇帝刘玄只不过是个平凡人物，又没有主见，诸将也是庸碌之辈，因时运而发达，全都只会争权夺利，求一时之快活，完全没有想要安邦定国，解决人民苦

【原典再现】

南阳邓禹杖策[1]追秀，及于鄴。

秀曰："我得专封拜[2]，生远来，宁欲仕乎？"

禹曰："不愿也。"

秀曰："即如是，何欲为？"

禹曰："但愿明公威德加于四海，禹得效其尺寸，垂功名于竹帛耳！"

——《资治通鉴·汉纪三十一》

---

① 杖策：拄着木杖，意指跋涉山水。
② 专：得到皇帝授权。专封拜：有权可以封爵拜官。

痛。但阁下跟他们不一样，你立过盛大功劳，受到天下人的敬佩。如今更拥有名分与授权，招揽河北英雄豪杰，有条件可以建立高祖一样的功业，拯救人民于水深火热之中。以阁下的英明，不难统一天下。”刘秀对邓禹至为信任，要他住在自己帐中，所有重大决策，或交付将领、使节任务，大都征询邓禹意见。事后证明，邓禹的判断都很正确。

光武中兴功臣“云台二十八将”，邓禹名列第一，冯异名列第七。

45．北道主人：一路向北

乱世是冒险家的天堂，也是投机者的乐园。相对于冯异、邓禹等人，另有一位投机者刘林，他是一位刘姓皇族，赵王刘元的儿子（刘元是汉景帝七代孙，因犯罪而问斩），在邯郸（故赵国都城）进见刘秀，提出大胆军事建议："黄河自列人（河北省肥乡县东北）向北流，赤眉军在河水东边。如果在列人决开河堤，赤眉军就成了鱼鳖了。"

若削平赤眉，刘秀就跟当年韩信一样，先平定河北，再平定山东，乃能拥有天下三分之一。刘林的提议确实野心勃勃，可是刘秀没有采纳，因为决开黄河、淹没大军，在刘秀看来，太不人道。

刘林于是转向其他目标。当时有一位算命先生王郎，宣称他是真正的刘子舆（刘子舆据说是汉成帝刘骜的儿子，没被赵飞燕害死，流落在民间，但始终没有被证实），于是刘林结合赵国豪族李音、张参等，拥立"刘子舆"。他们四处放话"赤眉要渡河而来，并拥立刘子舆"，这个谣言居然反应良好。其实是老百姓人心思汉，赤眉只要拥立刘姓皇族，就不再被视为土匪。

于是刘林等率领骑兵与战车共数百人，在某一天早上进入邯郸城，接收赵王王宫，拥立"刘子舆"（王郎）为汉天子，然后传檄河北州郡，赵国以北、辽东以西都望风响应。

王郎成为刘秀在河北的大敌，暂时按下不表，刘秀这边又来了一位少年英雄耿弇。

耿弇是上谷太守耿况（从西汉到新莽）的儿子，更始皇帝派使者去上谷，正式发表耿况为上谷太守，耿况派耿弇去长安（更始政权当时已经迁都长安）复命。

耿弇当时二十一岁，路上得到刘子舆称帝的消息，随从官员孙仓、卫包对他说："刘子舆是成帝的正统，我们为何舍刘子舆而从刘玄，舍近而求远？"

耿弇手按剑柄，对他俩说："那个王郎不过一个盗贼，终必投降成为俘虏。我去长安复命回来后，发动兵马，突击那批盗贼，好比摧枯拉朽。你们两位认不清对象，只怕保不住族人了！"孙仓、卫包悄悄逃走，投奔王郎。

这一番对话，看出两个要点：第一、更始皇帝刘玄（玄汉政权）虽然拿下洛阳、长安，杀了王莽，但是不得人心；第二、由于人心思汉，对刘玄失望后，乃转向一个山寨货色王郎，只因他宣称是汉成帝亲骨肉，而这种心理还非常普遍。

耿弇失去了随从官，正感彷徨，听说玄汉大司马刘秀正在卢奴（河北定县），乃就近北上进见。刘秀留他下来，担任长史，一同向北到了蓟城（河北大兴）。

这时，王郎（刘子舆）的宣抚文告也到了蓟城，悬赏十万户收买刘秀人头。一来是"汉室正统"的号召力，二来是十万户采邑的诱惑太大，三来是玄汉不得人心。因此，当刘秀派属下王霸到蓟城街上招募军队，反而遭到街上人们的讪笑，王霸羞愧而回。

刘秀遭此挫折，打算向南折返长安。耿弇说："我们从南边来，不能向南走回头路，否则军心无法维持。渔阳太守彭宠是阁下南阳同乡，上谷太守耿况是家父，这两郡有十万骑射部队，邯郸

（王郎）哪是对手？”

刘秀的幕僚、亲信都是从南边来的，不想去北边（渔阳、上谷是边塞郡），一致反对，说：“我们即使战死，脑袋也要朝向南方，为什么要向北落入囊中？”

刘秀指着耿弇说：“他就是我的‘北道主人’！”

【原典再现】

秀留署长史，与俱北至蓟。王郎移檄购秀十万户，秀令功曹令史颍川王霸至市中募人击王郎，市人皆大笑，举手邪揄[①]之，霸惭愧而反。

秀将南归，耿弇曰：“今兵从南方来，不可南行。渔阳太守彭宠，公之邑人；上谷太守郎弇父也。发此两郡控弦万骑，邯郸不足虑也。”

秀官属腹心皆不肯，曰：“死尚南首[②]，奈何北行入囊中？”

秀指弇曰：“是我北道主人也。”

——《资治通鉴·汉纪三十一》

① 邪揄：揶揄，讪笑。
② 南首：朝向南方。

46. 丧家之犬：靠德行，不靠地盘

刘秀决定要向北转进，尚未出发，蓟城却已生变。

另一位刘姓皇族刘接，是故西汉广阳王刘嘉（汉武帝五世孙）的儿子，他响应“刘子舆”，在蓟城发动群众，四处放话“邯郸的使者已经抵达，二千石（太守）以下都已出迎”。一时全城骚动，生怕刘秀（玄汉的使者）留在城中，会造成居民的威胁。

刘秀得到警告，慌忙离开驿所，奔到南门，城门已闭。只好向守城部队发动攻击，得以逃出。不分昼夜往南奔驰，不敢进入城邑，只敢在路旁进餐。天寒地冻，刘秀只有吃到过一次热食，是冯异不知打哪弄来的豆粥。

逃到饶阳（距蓟城已一百八十公里），人马饥寒交迫，已经无力再奔驰。刘秀决定冒险一试，自称是邯郸使者（王郎派出的使节），堂而皇之叫开城门，住进驿所，吩咐驿所人员安排饮食。

这一群“使者”见了食物，像流浪汉一般争抢，完全不成体统。驿所人员起了疑心，于是暗中教人擂鼓数十通，然后高声通报：“邯郸将军（王郎的军队）到！”

所有人顿时大惊失色，刘秀也慌忙上车。正要驱车奔逃，再想想，人在城内反正逃不出去，于是从容还座，传话：“请邯郸将军入见。”这才证明是虚惊一场。一行在饶阳休息够了，才离开。

一路上不断有传闻“王郎追兵快到了”，队伍陷入恐慌。接近滹沱河时，探马回报：“河水漂满浮冰，船不能行，无法渡过。”

刘秀派王霸前往查看状况。王霸担心这个消息会使得逃亡队伍一哄而散，因此回报：“河冰已经合凌，冰面坚硬，车马可过。”从者听了都很高兴。

刘秀说：“真是的，探马也不弄清楚情况。”

于是人马继续往滹沱河前进。

到了河边，嘿，河冰还真“合凌”了。人马渡河，还剩最后数骑未渡过，合凌的冰层又裂开了——只能说，真是命大福大！

过了滹沱河，追兵被流冰隔绝不能渡，总算暂时安全，但刘秀仍不知该往哪里去。走到下博城西，刘秀遇到一位白衣老人，手指一个方向，说：“继续努力！往此去八十里就是信都郡，信都城仍然打着长安（玄汉）旗号。”

这时候，黄河以北各郡国大都归附王郎，只有信都太守任光与和戎太守邳彤仍站在玄汉这一边。任光是南阳人，他正担忧孤城无以抵抗王郎，刚好刘秀抵达，大喜！全城官民也高喊万岁。

邳彤从和戎赶来，共商大计。与会者多半主张，以信都兵力护送大家回长安。邳彤力排众议说：“人心思汉已久，所以更始皇帝高举旗号，就得到天下响应，关中人民争相迎接。如今王郎只是一个算命先生，假称有皇家血统，一时骗到了燕、赵之地，但其实他的基础并不稳固。阁下若动员二郡之兵讨伐之，哪有可能不消灭他？不此之图，只求逃回长安，不但平白失去河北，甚至会连带惊动关中，肯定不是好计策！更何况，阁下若无心在河北打拼，一旦西行，邯郸（王郎）立即掌握全部河北地区。阁下怎么可能期待信都军队愿意抛下父母妻子，跋涉千里，送你回长安呢？”

刘秀采纳邳彤意见，决定留在河北奋斗，可是以二郡兵力想对抗王郎，实在太弱，因而想要与“城头子路”或“力子都”联合。

“城头子路”的首领是爰曾，在黄河、济水一带劫掠，有部众二十万人；“力子都”部众则有六、七万人，两者都是当时声势浩大的变民团体，尚未自称“将军”，也未有旗号。

任光反对与流寇联合，在二郡招募精兵四千余人，又有刘植（数千人）、耿纯（二千余人）等来归，部众达到数万，且相对有组织。刘秀又结了一个政治婚姻，娶真定王刘杨的外甥女郭圣通为夫人，刘杨原本是王郎的支持者，因为结了姻亲，倒戈支持刘秀，形势乃逐渐逆转，接连击败王郎军队。

这时候，刘秀才有时间思考战略。

有一次他对着地图凝视，问邓禹说：“天下郡国这么多，我今天才仅仅掌握这么一丁点地盘，而你之前说我必定能得天下，凭什么这么说？”

邓禹说：“天下大乱，人民渴望出现英明的君主，犹如婴儿渴望慈母一般。你问我凭什么，我告诉你，古时候凡是在乱世中兴起的，都是凭借他的德行厚薄，不在于他的地盘大小。”

【原典再现】

至饶阳，官属皆乏食。秀乃自称邯郸使者，入传舍，传吏方进食，从者饥，争夺之。传吏疑其伪，乃椎鼓数十通，绐[1]言“邯郸将军至”；官属皆失色。

秀升车欲驰，既而惧不免，徐还坐，曰：“请邯郸将军入。”久，乃驾去。

——《资治通鉴·汉纪三十一》

① 绐：音“待”，假。

47. 败部复活：刘秀大胜王郎

刘秀从蓟城仓皇遁走时，队伍往南奔，耿弇则往北回到上谷。

不久，王郎派出的将领也北上到了上谷、渔阳一带，文攻武吓，并招募兵马，沿边郡县多数打算接受王郎的招降。

上谷郡功曹寇恂、门下掾闵业向太守耿况建议："邯郸（王郎）突然崛起，摸不清他的实力，也难说他暴起会不会暴落。而刘秀是刘演的亲兄弟，礼贤下士，值得归附。"

耿况态度犹豫，说："邯郸的气势正盛，我们以一个郡恐怕无法抵抗，该怎么办？"

寇恂说："上谷郡兵精粮足，有骑射部队一万人，绝对有实力选择自己的前途。我自愿向东前往渔阳，说服渔阳太守彭宠，二郡齐心合力，邯郸不是我们对手。"于是寇恂前往渔阳，提出"二郡各出突骑二千、步兵一千"，南下支援刘秀。

渔阳那边，也上演了相同戏码：安乐县令吴汉、护军盖延、狐奴县令王梁建议彭宠加入刘秀，但其他官员都倾向王郎，彭宠一时难以决定。等到寇恂前来游说，彭宠立即决定，派出步骑兵三千人，由吴汉领军南下。

寇恂回到上谷，与耿弇一同率军南下，和渔阳军队会合后，长驱而南，一路过关斩将，攻下蓟城、涿郡、中山、巨鹿、清河、河洵等二十二座县城。

二郡联军到了广阿，探马回报“城内车骑甚众”，急忙停下戒备，向乡人打听：“城里是什么军队？”听到回答说是“大司马刘秀的军队”，大为兴奋，乃直趋城下。

城里也很紧张，因为一直有谣传说北方二郡已投靠王郎，将攻击广阿。等军队到了城下，刘秀亲自登上西城楼，询问来意，耿弇下马拜见，刘秀立即请他入城。

耿弇说明经过之后，刘秀再请全体将领进城。

刘秀笑着说：“邯郸方面一再放话‘已征调渔阳、上谷军队’，我回应说‘我们也征调二郡兵马来援’，没想到二郡果真来援助我，我将与各位共享功名。”任命二郡将领皆为偏将军，封耿况、彭宠为侯。

上谷、渔阳二郡是边塞重镇，一直维持著称为“突骑”的精锐骑兵，二郡兵马一旦投入，立即在南蛮痛击王郎军。刘秀赞赏说：“一向听说北边二郡的突骑是天下精锐，今天亲眼看见，令人振奋。”

战况扭转，刘秀的生力军攻势凌厉，王郎军队退守巨鹿，死守城池，刘秀久攻不下。

耿纯此时提出一个釜底抽薪的战略：“我们困在巨鹿城下，官兵疲惫，不如以精锐部队直接进攻邯郸。一旦王郎伏诛，巨鹿不必攻打，自然降服。”

刘秀采纳这个战略，留下将军邓满继续攻城，牵制巨鹿军队。自己带着主力大军，直攻邯郸，接连痛击邯郸守军。王郎支持不住，乃派出谏大夫杜威，向刘秀请降。

杜威在刘秀面前，仍力持“刘子舆真的是汉成帝遗孤”的说法。刘秀此时胜券在握，对杜威不客气地说：“即使成帝复生，也不可能再当天子，何况那个山寨货刘子舆？”

杜威仍不放弃，请求封刘子舆为万户侯。刘秀说：“饶他不死，应该够了吧！”杜威大怒而去。

刘秀加紧进攻邯郸，王郎政权的少傅李立打开城门，迎接汉军，于是邯郸城陷落。王郎趁夜逃出，被王霸追捕，斩首。

刘秀进入王郎宫中，检视政府档案，发现有己方官员、人民与王郎私通的信件，数目达数千封之多。内容包括向王郎表态效忠，以及毁谤刘秀。

换做其他人，只怕要一一核对，查明属实后，加以报复。可是刘秀完全不追究，他召集全体将领，公开烧毁这些书信，说：“让那些担心事发、翻来覆去睡不着觉的人安心。”

【原典再现】

秀收郎文书，得吏民与郎交关①毁谤者数千章。秀不省，会诸将军烧之曰：“令反侧②子自安！”

——《资治通鉴·汉纪三十一》

---

① 交关：套交情。今闽南语仍保留这个词。
② 反侧：辗转反侧，难以入睡。

48. 人心思莽：更始必败，源在民心

刘秀消灭了王郎，掌握河北一大块地盘，他又是昆阳大捷第一功臣，玄汉天下全靠那一役。更始皇帝刘玄对如此一位战功赫赫的大司马，又与他有杀兄（刘演）之仇，当然感到芒刺在背，一定得想办法“处理”。

而刘秀也心知肚明，刘玄一定会对他来“阴”的，因此格外谨慎言行，提防身边有更始密探。

护军朱佑对刘秀说：“长安（玄汉）的施政乱到极点，阁下有‘日角’之相，上应天命啊！”刘秀吩咐左右：“召刺奸将军（掌军法）来，逮捕护军。”

但尽管刘秀谨言慎行，刘玄仍然出手了。长安的使节到了邯郸，宣诏封刘秀为萧王，下属河北军队全数解甲归田，萧王与诸将全部都到长安享福。另外派人担任幽州牧、上谷太守、渔阳太守。

刘秀心想“果然来了”，但是他不动声色，做出准备奉诏去长安享清福的样子，白天仍在温明殿睡觉。

耿弇闯进温明殿，直冲卧榻前请求单独谈话，说：“部队死伤人数太多，请让我回上谷补充。”——耿弇也在试探刘秀。

刘秀说：“王郎已灭，河北大致平定，哪还需要增兵？”

耿弇说：“王郎虽灭，天下混战却才开始。铜马、赤眉这类变

民集团还有数十个，每个都有数十、百万人，挡者披靡。长安的天子没有能力对付，不久就会溃败。”

刘秀从榻上跳起来，说：“你口出叛逆之语，我只好下令斩你。”

耿弇说：“大王厚待我，情同父子，所以才敢掏出赤心，讲真话。”

刘秀说：“方才是开玩笑的，你说明一下为何长安撑不久？”

耿弇说：“天下百姓因王莽而受苦，于是人心思汉，听说汉兵起义，就像脱离虎口重回慈母怀抱。如今刘玄为天子，山东诸将各自割据一方，朝中贵戚却在关中大肆搜刮，老百姓的内心泣血，反而怀念起王莽时代！所以我知道更始必败。阁下的战功彪炳，威名远播，以仁义为号召，天下可以传檄而定。这个治理天下的最重任务，阁下应该自己承担下来，不能让他人得去！”

【原典再现】

弇曰：“百姓患苦王莽，复思刘氏，闻汉兵起，莫不欢喜，如去虎口得归慈母。今更始为天子，而诸将擅命于山东，贵戚纵横于都内，虏掠自恣，元元[①]叩心[②]，更思莽朝，是以知其必败也。公功名已着，以义征伐，天下可传檄而定也。天下至重，公可自取，毋令他姓得之。”

——《资治通鉴·汉纪三十一》

① 元元：老百姓。
② 扣：用手捶打。扣心：犹言“椎心肝”。

耿弇这一番话，正是本书书名所由来。刘秀听了，上奏更始皇帝，力陈河北尚未完全平定，还不能回长安享福。至此，刘秀终于明白表态，不接受长安节制。

49．推心置腹：以心收人，十万大军不在话下

刘秀与更始皇帝刘玄这下等于公开决裂了，所以，他不必再假装享清福，也没有余裕在白天睡觉。为了壮大实力，为了强固根据地，刘秀征召幽州十郡的突骑部队。

刘玄派去的幽州牧苗曾下令各郡不予理会，被吴汉率二十余名骑兵逮捕，当场斩首；另一位刘玄派去的上谷太守则被耿弇逮捕并处决。于是各郡震动，无不听命。

军队充实以后，刘秀开始扫荡变民集团。当时河北地区的变民集团很多，包括：铜马、大彤、高湖、重连、铁胫、大枪、尤来、上江、青犊、五校、五楼、五幡、富平、获索等。由他们的名称不是地名，就是一些象征勇壮的事物可知，其水平不高，因而只能成为土匪，而不能争胜天下。

刘秀首先将目标指向最强大的铜马，双方对峙数日，铜马的粮食已尽，趁夜遁逃。刘秀纵兵追击，铜马大败，投降。

正在受降时，另两支变民军高湖与重连突然由东方攻来，会合尚未投降的铜马军。刘秀再发动攻击，一一击破，全部投降。

刘秀封这些变民军的头目为侯，以收编其兵力。但是刘秀麾下诸将不信任这些盗贼，变民也感受到未获信任而内心不安，气氛紧绷，随时可能爆发冲突。

刘秀察觉到这种情绪，乃下令投降部队各自回到军营，武装备战。自己则带领少数随从到各军营巡视，以示信任。

投降的变民相互传话："萧王将他的一颗赤心放到我们的肚腹内，怎能不使我们为他效死？"全都心悦诚服。于是，刘秀拥有了数十万军队。

原本声势最大的赤眉军与刘秀隔着黄河，这下子也感受到压力。赤眉的一支与青犊、上江、大彤、铁胫、五幡组成联军，约有十余万之众，在射犬集结，被刘秀击破。刘秀于是进军河内，河内太守韩歆投降。赤眉受到刘秀势力急速膨胀的压力，即将产生"驱狼赶虎"的效应。

【原典再现】

萧王封其渠帅[①]为列侯。诸将未能信贼，降者亦不自安；王知其意，敕[②]令降者各归营勒兵，自乘轻骑按行[③]部陈[④]。降者更相语曰："萧王推赤心置人腹中，安得不投死乎！"由是皆服，悉以降人分配诸将，众遂数十万。

——《资治通鉴·汉纪三十一》

---

① 渠帅：首领。
② 敕：刘秀当时的称号是"萧王"，其命令用"敕"。
③ 按行：校阅。
④ 陈：同"阵"，借用字。

50．驱狼赶虎：刘秀赢了，但百姓却输光了

刘秀消灭王郎、收降铜马之后，依当时态势看来，势必与东方的赤眉有所冲突。可是赤眉内部，此时却出现了变化。

赤眉军首领樊崇不是一号大格局人物，之前他有意投效玄汉，由于发现更始帝刘玄格局也不大，因此逃回齐地。如今他为了部众太多而烦恼，将部众分成两支，自己带领一支，由徐宣、谢禄、杨音率领另一支。赤眉军虽然对上官兵屡战屡胜，但由于缺乏中心思想，没有共同目标，且成员基本上都是农民，对于重复不停地战斗和刀头舐血的日子感到厌倦，军中弥漫严重的思乡病，日夜愁泣，想要回到东方。

樊崇与其他头领商议，认为一旦回到东方，军队肯定一哄而散，各自回乡，那样大伙都将身陷险境，不如向西攻向长安。

大军有了目标，反而心意一致，两路大军分别穿过武关、陆浑关攻向长安。

更始帝刘玄下令王匡（新市兵）、成丹（下江兵）驻防河东，抗威将军刘均驻防弘农，堵截赤眉。

刘秀分析形势，认为赤眉必定攻破长安，于是决定两路作战：主力由他本人带领，扫荡北方燕赵地区；同时派出特遣军由邓禹率领，配合赤眉西进，然后借着赤眉破长安，顺势并吞关中。这一计

叫作驱狼赶虎，邓禹的进军路线，有减轻赤眉侧翼威胁的作用，也就是包围河东郡（郡治安邑县）牵制王匡、成丹的军队。

赤眉两路大军在弘农会师，以一万人为一营，共三十营。第一仗痛击玄汉讨难将军苏茂，接着与玄汉丞相李松决战，李松大败，三万余人被歼灭，赤眉推进到湖县。

邓禹的部队“围点打援”，包围安邑数月之后，击斩来攻的玄汉大将军樊参。王匡、成丹与刘均集结十余万大军攻向邓禹，邓禹败退。但王匡等人却因隔天刚好是“癸亥”，也就是干支最后一天（当时五行是主流思想，认为那一天是“六甲穷日”），诸事不宜，乃不乘胜追击——结果，邓禹因此逃过了“穷日”。

隔天是甲子日，诸事大吉，王匡全军出动。邓禹下令军队不准做任何反应，等到敌方大军逼近营垒时，邓禹才下令战鼓雷鸣，全军反扑，大破玄汉兵团，斩刘均及河东太守杨宝，王匡等人逃回长安，河东完全置于邓禹控制之下。

西战场完全依照刘秀的设想进行，可是刘秀在河北战场却险遭不测。

刘秀向北扫荡尤来、大枪、五幡等变民军，一路连战皆捷，却因胜利来得太容易而轻率深入，遭变民军反扑，大败。刘秀逃到没路了，心一横，跳下悬崖，幸而不死。又恰好遇到一名突骑军官，将坐骑让给刘秀，才得脱险。

军队败退到范阳，停下整顿，才发现刘秀失踪。军中迅速传出谣言，说刘秀已经阵亡，将领们一时间惊慌失措，不知如何是好。此时只有吴汉力持镇定，对将领们说：“我们不可因此怀忧丧志，大王的哥哥（刘演）还有儿子在南阳，我等何必忧虑没有主人！”等到刘秀回到营地，军心才告稳定，而此时军中开始流传：“古人说‘王者不死’，大王应该是天子命吧！”

尤来等变民军虽然战胜，但慑于刘秀威名，不敢追击，反而趁夜遁去。刘秀再追击，连续击败变民军，可是变民军因溃散而成了流寇，边打边抢，行动飘忽不定，难以捕捉。刘秀于是采纳强弩将军陈俊的建议，派出快马，跑在流寇前面，教人民坚守村庄壁垒，若村民无力防守，则先将村中财物、粮食抢走。果然，变民军抢不到粮秣，逐渐溃散。刘秀称赞陈俊："这全都是你的功劳。"

然而，这却是老百姓的悲哀：流寇来，洗劫一空；号称仁义之师来，同样洗劫一空。刘秀赢了，但百姓却输光了。

【原典再现】

王匡、成丹、刘均合军十余万，复共击禹，禹军不利。

明日，癸亥，匡等以六甲穷日，不出，禹因得更治[1]兵。

甲子，匡悉军出攻禹，禹令军中毋得妄动，既至营下，因传发诸将，鼓而并进，大破之。

——《资治通鉴·汉纪三十一》

① 更：重新。治：整顿。更治兵：重新整顿军队。

51．刘秀称帝：人马若散，再聚可就难了！

两路大军西征北讨都大有斩获，其先决条件是供输前线不虞匮乏，幕后功臣则是刘秀口中的“吾之萧何”寇恂。

刘秀任命寇恂为河内太守，镇守大本营河内郡（今河南武陟），并对他说：“从前，刘邦把关中交给萧何；而今，我把河内交给你。盼望供应不绝，兵源不缺，同时为我防御南方，不许他们（洛阳一带的玄汉军队）向北渡过黄河。”

刘秀同时任命冯异为孟津将军，统一调度魏郡与河内兵力，沿黄河布防，盯紧洛阳。

冯异，就是当初说服五城军民投效刘秀那位。击败王郎之后，刘秀将军队重做调整，新收编的（王郎）军队，都表示愿意编入“大树将军”麾下。

【原典再现】

萧王谓恂曰：“昔高祖留萧何关中，吾今委公以河内，当给足军粮，率属士马，防遏他兵，勿令北渡而已！”

——《资治通鉴·汉纪三十一》

大树将军就是冯异的绰号。他个性谦让，从不逞强。每攻下一个地方，将领们总是相聚一起，大吹大擂自己的功劳；只有冯异，独自坐在树荫底下，不参与“吹牛大赛”，所以军中都称他大树将军。

寇恂果然是刘秀的“萧何”，在河内征集粮秣、制造武器，供应前方。大军推进得再远，从不匮乏。冯异呢？他不止防守黄河，更建立奇功，与寇恂一同收拾了河南的玄汉军。

当时黄河南岸的玄汉将领包括：朱鲔、李轶、田立、陈侨，号称有三十万精兵。其中李轶当初与刘演、刘秀兄弟一同起兵，可是他后来却参与刘玄杀害刘演的阴谋。

冯异写信给李轶，分析祸福利害，劝他归降。李轶看出更始败象已露，可是不敢相信刘秀不会报复，于是回信给冯异，说：“如今我镇守洛阳，将军镇守孟津，分别据于战略要地。这是千载难逢的机会，咱俩若能同心，其利断金。请阁下转报萧王，我有帮他安民定邦的策略。”

双方交换书信之后，李轶不再跟冯异争锋，黄河两岸无冲突。于是冯异得以北攻天井关，攻拔上党郡的两座县城，又南下攻取河南郡所属成皋以东十三个县，收降十余万玄汉军队。玄汉将领武勃率万余人来攻，被冯异痛击，当阵斩首，而李轶却闭门不救。

冯异见书信有效，遂向刘秀报告。刘秀回复：“李轶此人，诡诈多端，人们看不透他的心里在想什么。你可以将他的来信抄送各郡守、尉，所有负责守备的将领。”

收到信的人都感觉奇怪，为什么萧王要泄露秘密书信。但不久就揭晓了：朱鲔得到情报，派人刺杀李轶。从此，玄汉军在洛阳地区的诸将相互猜忌，不时有人投降。

朱鲔为此担心，决定趁对手空虚，渡河攻击河内郡。

寇恂闻报，立即动员应战，并通知各县发兵，到温城会师。幕僚建议等各县军队集结后再出击，寇恂说："温城是本郡的险要，若失去温城，郡治肯定守不住。"下令急行军赴战。

隔天，寇恂到了温城，冯异派来的援兵与各县军队也及时报到会师。寇恂下令部队在城上鼓噪，大喊："刘公（刘秀）大军赶到！"来犯敌军为之阵脚松动，寇恂抓住时机，下令冲锋，敌将苏茂溃败撤退。

冯异也渡过黄河，攻击朱鲔主力，朱鲔败走。寇恂与冯异一路追击到洛阳，绕城一周展示军威后收兵。从此，洛阳白天紧闭城门，不再构成威胁。

冯异、寇恂呈报战果，前线诸将纷纷向刘秀祝贺，并拍马屁请刘秀称帝，刘秀予以否决。

刘秀领军继续北伐，一路扫荡到北方边界，变民残众进入辽西、辽东，被乌桓（东胡）、貊（朝鲜）抄击殆尽。于是将领们再劝进，刘秀仍不同意。

【原典再现】

异见其信效，具以白王。王报异曰："季文[①]多诈，人不能得其要领[②]。移其书告守、尉当警备者。"众皆怪王宣露轶书。朱鲔闻之，使人刺杀轶，由是城中乖离，多有降者。

——《资治通鉴·汉纪三十二》

---

① 季文：李轶字季文。
② 得其要领：听人说话能够掌握意思。

班师途中，将领再敦促即位称帝，刘秀仍不答应。耿纯进言："天下英雄豪杰抛弃他们的亲人、土地，追随大王征战四方，为的就是能够攀龙鳞、附凤翼，成就一番事业。如今大王拖延时日，违背众意，迟迟不决定称帝，我担心士大夫因为期待落空（主子不称帝，部下就不能裂土封侯），会产生不如归去的念头，不愿再留下来吃苦打拼。要知道，人马一散，可就难以再聚集了！"

最后，将领们第四度劝进，刘秀乃登极称帝，史称东汉（亦称后汉）。

52. 刘玄末日：更始皇帝的唏嘘结局

刘秀在河南称帝的同时，关中却发生了巨大变化。赤眉大军进入关中，玄汉军一再败绩，还受到邓禹军队的牵制，两面作战使得玄汉政权岌岌可危。

玄汉政权的淮阳王张卯（下江兵）眼看大势已去，与原下江兵将领们商议："赤眉军随时都会兵临城下，灭亡就在眼前，与其一同陪葬，不如将长安大肆劫掠一番，逃回南阳家乡。如果仍然活不下去，了不起再入江湖当土匪吧！"于是一同入见更始皇帝刘玄。

【原典再现】

张卯与诸将议曰："赤眉旦暮且至，见①灭不久，不如掠长安，东归南阳。事若不集②，复入湖池中为盗耳！"乃共入，说更始；更始怒不应，莫敢复言。

——《资治通鉴·汉纪三十二》

① 见：被。

② 集：此处做"市集"之"集"解。不集：买卖不成。

刘玄满脸铁青，不回应，诸将乃不敢再提。

从这一幕可以看出，玄汉政权始终不脱土匪本质，仍然是“绿林好汉”的集合。

张卯等诸将退下后，阴谋在立秋祭典时，劫持刘玄，然后大掠长安，逃回南阳。但事迹不密，被刘玄得到消息，秋祭时辰到了，他称病不出，反而召张卯等入宫，准备将之一网打尽。

张卯等人进了皇宫，感觉气氛不对，立即突出皇宫，只有申屠建没有跑，当场被杀。张卯等人率众反攻皇宫，放火烧开宫门，杀进宫中，刘玄的禁卫军大败。

刘玄逃出长安，投奔赵萌（刘玄的姻亲）。此时刘玄疑心生暗鬼，对出身绿林的王匡（新市兵）、陈牧（平林兵）、成丹（下江兵）都不信任，将他们招徕诛杀。陈牧、成丹先到，被杀；王匡率军回到长安，与张卯会合。

刘玄指挥赵萌，与丞相李松的军队会合，反攻长安。经过连月缠斗，王匡、张卯弃城逃走，投降赤眉。

赤眉大军进攻长安，李松出战，大败。李松的弟弟李况担任城门校尉，开城迎接赤眉，刘玄从厨城门逃走。

远在河南的刘秀下诏封刘玄为“淮阳王”，而赤眉拥立的“汉帝”刘盆子也下诏：“刘玄如果投降，封长沙王。超过二十天，就不再接受投降。”于是刘玄出面向赤眉投降。

赤眉进了长安，军纪荡然，暴虐掳掠。三辅人民这下子转而又怀念起更始皇帝刘玄，对他当下的处境表示怜悯。张卯等担心留着刘玄迟早是个祸胎，于是下手将刘玄缢死，尸体趁夜埋葬，后来刘恭为他收尸，邓禹将他葬在霸陵。

53．刘盆子：赤眉军力捧的小皇帝什么来历？

前章提及赤眉拥立了一位汉帝刘盆子，是什么来历？

赤眉在山东起义的时候，抓了三兄弟，是刘姓皇族。樊崇去洛阳朝见刘玄时，带了三兄弟的大哥刘恭同往，刘玄封刘恭为式侯。樊崇逃回根据地，刘恭没有随之回去，留在关中当他的侯爷，前章为刘玄收尸的就是他。

【原典再现】

盆子等三人以年次探札[①]，盆子最幼，后探，得符；诸将皆称臣，拜。

盆子时年十五，被发徒跣[②]，敝衣赭汗，见众拜，死畏愈啼。

茂谓曰："善藏符！"盆子即啮折，弃之。

——《资治通鉴·汉纪三十二》

① 札：竹筒。
② 跣：音"显"，赤足。

赤眉入关，向长安挺进，到了华阴，有人向樊崇提出建议：“将军拥有百万大军，向西朝帝都进发，但却没有一个称号。不如拥戴一位刘姓皇族，要求大义（人心思汉，姓刘的当皇帝就是复兴汉室，就是大义），以此号令天下，谁敢不从？”

军队推进到郑县（陕西华县），长安已经在望，樊崇决定拥立一个皇帝，于是在百万大军中寻找刘章（昔诛灭诸吕时，最勇敢的那位刘姓皇族，齐地人民为他立庙）的后代，共七十余人，其中有三人与刘章的血缘最亲：刘恭的两个弟弟刘茂、刘盆子，与另一位刘孝。

樊崇采用抽签方式决定，置三个竹筒，其中两个是空的，只有一个置入“上将军”纸条。兴建高台，祭祀刘章，所有三老、从事全部出席见证。三个人依年龄顺序开始抽签，刘盆子年纪最小，但是他却抽中了。

皇帝身份霎时决定，全体将领下拜称臣。刘盆子当时十五岁，披头散发、光着双脚、衣不蔽体、流汗赭色（身上很脏），看见平常耀武扬威的将领们竟然向他叩拜，吓得几乎哭出来。二哥刘茂嘱咐他：“将抽到的纸条藏好！”刘盆子这才警觉，这张纸条正是令他惊恐的符咒，赶紧送进口中咬碎，扔掉。

刘盆子就这样由一个牧童成了皇帝。他压根儿不想当皇帝，可是命运由不得他拒绝，形势也由不得他拒绝。他怕得要死，日夜啼哭，左右侍者对他充满怜悯。

赤眉将领进了皇宫，却完全没个执政的样子。大哥刘恭看出赤眉迟早败亡，私下嘱咐刘盆子，准备交出玉玺，还教导他一番说辞。

元旦当天早朝，刘恭首先发言，说：“诸君拥立我的小弟为帝，恩深德厚。可是即位将近一年，局势混乱比从前更严重，可见他的能力不足以完成诸君的托付，即使死了也对大事没有帮助。恳请各位将军准许他退位成为平民，另外推举一位优秀人才！”

樊崇等道歉，说：“这都是我们的错！”

刘盆子由龙椅上下来，并交出玉玺，向将领们叩头，说：“当前的情况是，立了皇帝，也派了官吏，可是大家仍然像强盗一样行为，使得人民怨恨（人心由思汉而思莽，再思更始！），不再信任我们。这都是立天子立错了人，请求各位留我一条活路。但若要杀我以推卸责任，我也不敢推辞！”哭得一把眼泪、一把鼻涕。

樊崇等人面对一个哭得惨兮兮的小皇帝，对刘盆子既抱歉又怜恤，一个个离座叩头，说：“是我们不对，辜负陛下！从今以后，绝对不再肆意放纵了。”一同将刘盆子抱起来，将玉玺再挂回他身上。刘盆子号啕大哭，但是身不由己。

将领们各自回营，都紧闭营门，不许官兵外出。三辅（大长安地区）的秩序突然大好，人民称颂天子英明，流亡在外的人争着回到长安，市面又恢复热闹。

可是，这种情况只维持了二十多天，赤眉土匪军又故态复萌。

终于，长安城中粮食耗尽，赤眉军满载抢来的金银财宝，纵火

【原典再现】

盆子乃下床解玺绶，叩头曰：“今设置县官而为贼如故，四方怨恨，不复信向，此皆立非其人所致。愿乞骸骨，避贤圣路！必欲杀盆子以塞责者，无所离死。”因涕泣唏嘘。

——《资治通鉴·汉纪三十二》

焚烧宫殿、民宅，再做最后一次彻底的抢劫，长安城顿成废墟，不见人踪，赤眉军则向西流窜。

在此之前，东汉的征西大军将领看见长安乱象，纷纷建议统帅邓禹出兵，可是邓禹一点也不急着进攻长安，反而向北略取上郡（陕西绥德），并加强在控制区内征兵、囤积粮秣。光武帝刘秀一再写信催促他进兵，他都不为所动。

等到赤眉鸟兽散去以后，邓禹才将大军开进长安城，进谒高庙（刘邦），再将西汉十一位皇帝的牌位收齐，送往洛阳——以示东汉才是正统的“汉”。

54．赤眉投降：豆子引发的血案

赤眉离开长安之后，四处流窜，遇到各割据势力都吃败仗，因为地方军为了保卫家园，莫不全力抵抗。可是邓禹遇到赤眉，反而连吃败仗，因为赤眉遇到东汉军时，生怕被赶尽杀绝，个个拼命。

赤眉先向西攻击陇右（今甘肃南部），被割据当地的隗嚣派将军杨广迎击，大破赤眉；杨广追击，连破两阵。赤眉退到阳城潘须口，天降大雪，山谷都被大雪填平，士卒很多冻死，于是向东转回三辅。经过长安郊外西汉诸帝的陵墓，发掘坟墓，挖取其中的陪葬宝物。其中有以玉匣下敛的尸体，都还栩栩如生，变民甚至污辱了吕后的尸体（吕后已经下葬一百八十年，这项记载值得怀疑）。

赤眉回转长安，邓禹派军出击，却被击败。邓禹败退到云阳，赤眉再入长安。

长安已残破，赤眉将领逢安率领大军向南攻击汉中，汉中一支变民军首领延岑迎战，大破赤眉，杀十余万人。

邓禹趁逢安大军出击，长安空虚，率军奇袭长安，恰好赤眉将领谢禄来救，邓禹战败，撤退。

总之，邓禹对赤眉的军事行动不顺利，关中地区包括三辅，到处都是拥兵自保的地方势力，邓禹束手无策。

于是刘秀决定派冯异为征西大将军，替换邓禹。

刘秀对冯异说："三辅人民受到王莽、更始与赤眉连番为祸，人民涂炭，无处诉哀。将军此番前往征伐，务必保护投降部众，将领送来洛阳，小民辅导他们务农桑，让他们不要再聚众为乱。征伐的目的不在于略地屠城，而在于平乱安民。大军经过的地方，千万不要带给郡县痛苦。"

对此，邓禹引以为奇耻大辱，为了挽回颜面，不断驱使饥饿的士卒向赤眉发动攻击，但总是不利。没办法，遂带着车骑将军邓弘向南渡过黄河，要求冯异一同向赤眉发动总攻。

冯异提出他一路打来的经验，说："我与赤眉对阵数十日，虽然俘虏了他们好几名战将，可是他们兵众仍多，只宜以恩信引诱，很难力敌破之。皇上的战略是，以大军进驻渑池，阻截赤眉东归必经之路，由我打击对方的西面，可以一举解决，不留后患，这是万全的战略。"

确实，赤眉已成流寇，若是用"撵"的方法，即使一再打胜仗，也只会荼毒更多地方，前后夹击才能完全解决。

可是邓禹和邓弘不答应，自行出击。赤眉佯败，弃辎重而走，

【原典再现】

帝降玺书劳异曰："始虽垂翅回溪，终能奋翼渑池，可谓失之东隅，收之桑榆[①]。方论功赏，以答大勋。"

——《资治通鉴·汉纪三十三》

① 东隅：早晨太阳在东边墙头。桑榆：傍晚太阳在西边桑、榆树梢。失之东隅，收之桑榆：早晨失去的，黄昏又得回。

车内载着泥土，上面覆盖一层豆子。邓弘的军队已经饿了很久，以为这些车子上都是满满的豆子，争相抢食，于是落入赤眉陷阱。赤眉军发动反攻，争食豆子的邓弘部队被击溃，冯异与邓禹合力救援，赤眉军稍稍退却。冯异建议休兵，邓禹不听，率军追击，大败，更连累冯异军团也溃乱。邓禹只剩二十四骑逃回宜阳，冯异收拾残部坚壁自守。

一个多月后，冯异再与赤眉决战。这一次，冯异埋下伏兵，伏兵换成赤眉服装混入敌阵，赤眉军在慌乱中难分敌我，阵脚溃乱，冯异给予重击，投降者男女共八万人。

刘秀以玺书慰劳冯异指出："将军之前虽然在回溪遭遇挫折，但是终于在渑池赢回来，称得上是'失之东隅，收之桑榆'。我正命令有关单位论功行赏，以报答你的大功劳。"

赤眉的残余部队向东溃逃，刘秀已经算准赤眉的窜逃路线，亲率大军在宜阳严阵以待。赤眉败众忽然面对大军，惊骇非常，不知该怎么办才好。

最后，公推刘恭为乞降代表，进见刘秀，说："刘盆子率领百万部众向陛下投降，陛下将如何待他？"

刘秀说："我保证不杀他。"

刘恭回去，赤眉将领樊崇、逄安等人商量了一天，再隔天，由刘盆子率领丞相徐宣以次三十余人，袒露臂膀向刘秀投降，将传国玉玺（王莽得自王政君，刘玄得自王莽，赤眉得自刘玄）献给刘秀。赤眉大军（当时尚有十余万人）交出武器、脱下甲胄，堆在宜阳城西，高度与熊耳山齐。

次日，刘秀在洛水畔大阅兵，命刘盆子君臣在旁观看。刘秀对赤眉实质领袖樊崇说："你们后不后悔投降啊？如果你们后悔，没关系，我现在放你们回营，重新武装，整理队伍，双方鸣鼓再战，一决胜负，我绝不勉强你们投降。”

徐宣等跪下叩头说：“我等自从出了长安城东都门，君臣们就议决要归顺陛下。由于群众只能共享成果，难以商量大事，所以没有向群众宣布。今天得以归降陛下，好比脱离虎口，投入慈母怀抱，欢喜还来不及，怎么会后悔呢？”

变民流寇当中，居然有如此出口成章的人物，刘秀惊喜地对徐宣说：“你真可以被称为铁中之钢、平凡人中之佼佼者。”

赤眉投降了，可是赤眉大军向东流窜后，关中地区却一时呈现权力真空，于是在地变民军各自据地，每个都自称将军，相互攻伐，黄金一斤只能买到黄豆五升，百姓苦不堪言。

刘秀将冯异留在关中，收拾乱局，自己领军回到河南。冯异将

【原典再现】

明旦，大陈兵马临雒[①]水，令盆子君臣列而观之。

帝谓樊崇等曰：“得无悔降乎？朕今遣卿归营，勒兵鸣鼓相攻，决其胜负，不欲强相服也。”

徐宣等叩头曰：“臣等出长安东都门，君臣计议，归命圣德。百姓可与乐成，难与图始，故不告众耳。今日得降，犹去虎口归慈母，诚欢诚喜，无所恨也！”

帝曰：“卿所谓铁中锋口[②]，佣[③]中佼佼者也。”

——《资治通鉴·汉纪三十三》

---

①雒：同“洛”。
②锋口：刀剑的锋口系精钢质地。
③佣：同“庸”。

大军推进到上林苑，关中变民军组成联军与他决战。冯异大破联军，将首领送去洛阳，命变民回返家乡，各自回到本来的行业（完全遵照光武帝指示处理）。

55. 有志者事竟成：齐地完全平定

原本齐地的最大变民集团是赤眉，赤眉西向进攻长安，势力真空很快就被琅琊郡（山东诸城）变民首领张步填补。张步志不在小，所以之前一直没有加入赤眉，始终维持自己的独立性。

玄汉政权的琅琊郡太守王闳招降郡内变民，只有张步拒不接受。王闳在招降六个县的变民之后，集结兵力，进攻张步，但不能取胜。后来，玄汉政权的梁王刘永（根据地睢阳）自立称帝（国号也是“汉”），诏封张步为辅汉大将军。张步接受，以“辅汉”为

【原典再现】

闳力不敌，乃诣步相见。步大陈兵而见之，怒曰：“步有何罪，君前见攻之甚！”

闳按剑曰：“太守奉朝命，而文公[1]拥兵相拒，闳攻贼耳，何谓甚邪！”

——《资治通鉴·汉纪三十二》

① 文公：张步字文公。

号召，招兵买马，连陷数城，打得王闳无力招架。

王闳不忍让人民继续受战争之苦，决定停战，于是亲自到张步营中求见。张步大张旗鼓，展示盛大军容，气焰高涨地对王闳说："我犯了什么罪，阁下之前要如此相攻过甚？"

王闳一手按剑，说："我身为太守，奉朝廷之命治理地方，阁下却拥兵抗拒朝廷。我只是奉命剿匪，说什么过甚？"

张步闻言，向王闳致歉，留他下来宴饮，待为上宾，仍请王闳掌理郡内政务。

之后，刘秀在河北称帝，东汉的虎牙大将军盖延攻陷睢阳，刘永出亡。刘秀派太中大夫伏隆持节出使山东，招降名义上隶属刘永的各个割据势力。张步也派出代表，随伏隆前往洛阳输诚。刘秀擢升伏隆为光禄大夫，再派他出使张步，宣达任命张步为东莱太守。

可是，逃亡在外的"汉帝"刘永，却派出使节封张步为齐王。张步受到王爵的诱惑，一时不愿表态支持刘秀，也有向东汉索求"齐王"的意思。

伏隆对张步说："高祖曾定下规矩，非刘姓不封王。朝廷最多可以封你十万石的侯爵。"

张步当然不满意于"十万石侯"，乃要求伏隆留下来，跟他合作，一同割据青州、徐州。伏隆不同意，乃被张步扣留。

在此之前，伏隆已经派人送密奏给刘秀，分析张步要的是齐王，必定不可能归附。自己不惜一死，恳求刘秀照顾他的父母兄弟。

刘秀见到密奏，召见伏隆的父亲伏湛，拿密奏给他看，流着泪说："我恨不得立刻封张步为齐王，以让伏隆生还。"

但是，刘秀并未封张步为齐王，伏隆乃被张步处死。后来，刘永被自己的部将庆吾杀死，庆吾割下刘永人头向东汉投降，但事实上齐地山东、苏北仍是军阀割据状态。

刘秀派耿弇率军东征，耿弇首先面对的是齐王张步手下大将军费邑。当时费邑驻军历下，他的弟弟费敢驻守历下西边的巨里城。

耿弇先将大军压向巨里，下令军中“准备攻城械具，三日后全力进攻”。然后暗中让部分俘虏逃走，这个“情报”乃传至费邑耳中，费邑果然在三日后，亲自率领三万精兵前来救巨里城，想要内外夹击耿弇。

耿弇接获探马来报，喜上眉梢，对将领说：“我下令准备攻城械具，就是要诱费邑来。如今他来了，我们不攻击他的野战军，难道还去攻城？”这句话是依循《孙子兵法》里的“上兵伐谋，其次伐兵，其下攻城”，费邑不来，只能攻城，既然来了，正中耿弇下怀。

耿弇下令三千人在巨里城外布阵佯攻，自己率领精锐部队在山冈坡后埋伏。等费邑军到，伏兵自高处冲下，大破齐军，当阵斩杀费邑，向城中展示人头，城中立刻弥漫恐惧气氛，费敢弃城突围，逃奔张步。

接下去，耿弇大军指向齐王张步。当时，张步的都城在剧县（山东省乐昌县），他的弟弟张蓝率精兵二万人驻守西安（临淄城西方），齐王张步任命的诸郡太守，统各郡变民军万余人守临淄城，西安与临淄两城相距四十里。

耿弇大军推进到西安、临淄中间的画中（地名），视察两城，发现西安城小而坚，张蓝手下都是精锐部队。相反的，临淄城虽负盛名，城又大，但由于城内是杂牌军，反而容易攻破。于是下令：全体将校五天后会合，向西安城发动总攻击。张蓝接获情报，日夜戒备。

日子到了，夜半，耿弇下令全军在营帐中用餐（若在外面开饭，远处会望到炊事火光，知道汉军准备吃饱攻击），天色微明，大军已推进到临淄城下！

护军荀梁向耿弇力争，认为：“攻临淄，西安必然来救，我们将腹背受敌；攻西安，临淄不会来救（因诸郡民兵群龙无首）；不如攻西安。”

耿弇说：“不对。西安现在正加强戒备，担忧自己受攻，哪有余暇救人？临淄城中没有准备，突然面对大军，必定惊扰慌乱，我军可以一天之内攻克临淄城。攻克了临淄，西安陷入孤立，我们切断它与剧县的交通，城中守军一定会弃城，这正是所谓‘一箭双雕’之计。如果先攻西安，一时攻不下来，大军被困在坚城之下，死伤必定大增；即使攻下西安，张蓝带领人马进入临淄，两城兵力合并，坐在城中监视我们。我军深入敌境，运输线绵长，一旦接济不上，不出十天、半月，就会陷入困局。”

于是下令进攻临淄，只花了半天就攻克，大军入城。张蓝闻报，弃城逃往剧县。耿弇下令：禁止掳掠，扬言“等张步到来，一起取用”。

张步接获探马报来耿弇的狂言，大笑说：“尤来、大彤等十余万人军队，我都杀到他们营垒前，将他们摧毁。耿弇的兵力比他们少得多，而且远来疲惫，我难道还怕他不成？”召集三位弟弟与将领，动员大军，号称二十万人，浩浩荡荡开往临淄城。

耿弇上书报告战术：“我将深沟高垒以待张步，他的军队从剧县行军而来，既疲劳又饥渴。他若前进，我将引诱他深入，然后予以痛击；他若想要撤退，我将紧咬追击。我军以逸待劳、以实击虚，十天半个月之内，可以将张步脑袋摘下。”

耿弇依既定战术，在淄水河畔布阵，先遭遇前“大彤”将领重异，上谷“突骑”（耿弇的嫡系打击部队）想要冲锋，耿弇怕吓跑了张步，要他们少安毋躁，并下令“转进”临淄小城，在城内编组战斗队形，另派将领在城外列阵。

张步只看到城外的小部队，下令大军攻击。耿弇在城上观察战况，等待时机，亲率上谷突骑拦腰攻击张步，获得重大战果。

战斗中，流矢射中耿弇大腿，耿弇抽出佩刀，切断箭杆，左右都不知道大将中箭负伤。这一仗，双方杀到天黑，各自收兵，隔一天，耿弇仍然亲自领军出战。

刘秀当时驻军鲁城（山东曲阜），接获战报，亲自领军前往临淄支持。援军尚未到达，幕僚建议耿弇闭营休士，等皇帝大军到来，耿弇说："皇上驾到时，我们当臣子的，理当杀牛、供酒迎接，岂可将贼子留给皇上操心？"于是再发动攻击，从早上杀到黄昏，再度大破齐军，沟渠堑壕都填满了尸体。

耿弇预料，张步受到重创，会脱离战场，因此在左右两翼埋下伏兵。入夜，张步果然趁夜撤退，伏兵突起攻击，一路追杀八、九十里，沿途尸横遍野。张步逃回剧县，三个弟弟各自带领人马散走。

【原典再现】

帝谓弇曰："昔韩信破历下以开基，今将军攻祝阿以发迹，此皆齐之西界，功足相方[①]。而韩信袭击已降，将军独拔勍敌，其功又难于信也……将军前在南阳，建此大策[②]，常以为落落难合，有志者事竟成也！"

——《资治通鉴·汉纪三十三》

---

① 相方：相比拟。
② 建此大策：耿弇最早提出"平齐策"。

数日后，刘秀抵达临淄，亲自劳军，并在群臣大会上表扬耿弇：“从前，韩信攻破历下，打破楚汉僵局，奠定汉朝基业；而今，将军攻破祝阿，为统一大业奠下良基。这两地都是故齐国的西境，你俩的功业也足堪比拟。而韩信是袭击已经投降的敌人，将军却是力战摧毁勍敌，比起韩信更为艰难。将军从前在南阳时，就曾提出平齐的大战略，只因形势变化而未能实施，因此难免落落不得志。如今能够一展抱负，诚所谓有志者事竟成啊！”

耿弇继续扫荡，张步和三个弟弟都投降，齐地完全平定。

56. 非但君择臣，臣亦择君：刘秀比刘邦英明

刘秀自己平定河北，冯异与寇恂平定河南，耿弇平定山东，冯异又收拾了关中。至此，刘秀已经掌握天下十之八九，只剩西方还没平定。

西方有二雄：割据陇右（甘肃南部）的军阀隗嚣与割据四川的成家皇帝公孙述。

更始称帝那一年，新莽内部发生未成功的政变（事见第四十二章），陇右豪族隗崔、隗义聚集同志起义，袭杀地方官，打起“灭莽兴汉”旗帜。

豪族与变民作风不一样，不会个个抢当首领，隗氏推出族中名声最好的隗嚣为领袖，而隗崔、隗义甘愿作为隗嚣的属下。隗嚣的称号是“上将军”——因为他知道天下人心思汉，所以不称帝也不称王。隗嚣敦请夙负盛名的方望为军师，方望建议隗嚣放置汉高祖刘邦的祭庙，盛大祭祀高祖、文帝、武帝。隗嚣等人自称“臣”，斩马宣誓效忠刘氏、恢复汉室，然后向甘肃各郡、国发出文告，声讨王莽，一时集结十万之众。等到更始称帝，王莽败死，隗嚣乃响应玄汉。

更始皇帝入关，隗家班前往长安宣誓效忠，刘玄封隗嚣为御史大夫。张卯阴谋叛变时（事见第五十二章），曾拉拢隗嚣参与。刘

玄声称有病，不参加大祭，反召张卯、廖湛等入宫，当时隗嚣感觉不对劲，就没有一同入宫。及至张卯等人杀出皇宫，隗嚣也逃回天水（今甘肃省天水市）。

回到天水，隗嚣集结旧部，重振声势，自称西州上将军（西州指关中之西，以示不称帝，仍属汉家正统）。三辅的士大夫因赤眉入关，大批逃难到陇右，隗嚣礼贤下士，亲切接待，不自恃身份，折节下交，网罗其中优秀人士为幕僚。

之后，邓禹“驱狼赶虎”时，隗嚣曾配合攻击更始，赤眉出长

【原典再现】

宾客皆乐留，援晓之曰：“天下雌雄未定，公孙不吐哺[1]走迎国士，与图成败，反修饰边幅，如偶人形，此子何足久稽[2]天下士乎！”因辞归，谓嚣曰：“子阳，井底蛙耳，而妄自尊大！不如专意东方。”

………

帝在宣德殿南庑下，但帻[3]、坐、迎笑，谓援曰：“卿遨游二帝间；今见卿，使人大惭。”

援顿首辞谢，因曰：“当今之世，非但君择臣，臣亦择君矣！”

——《资治通鉴·汉纪三十三》

① 吐哺：周公礼贤下士时，吃一顿饭，三次将口中食物吐出，求才的优先性高于一切。
② 稽：用法同“羁”。久稽天下士：留住天下人才。
③ 帻：音“则”，文士包头发的方巾。此出做动词用，意谓不戴皇冠，只包头巾。

安，流窜到陇右，被隗嚣派兵击退。光武帝刘秀派来歙出使陇右，隗嚣也派出使节去洛阳友好访问。刘秀给隗嚣的书信，称呼都采对等字眼，等于承认隗嚣是一方之主。

东汉平定河南，隗嚣派出手下最优秀的人才马援，出使成家皇帝公孙述。马援跟公孙述小时候是邻居，马援去成都，公孙述大阵仗欢迎，要封马援为侯、拜为大将军。马援随行的宾客都私下高兴，但马援对他们说："天下未定，公孙述不但不礼贤下士，还摆出皇帝的架子，如同一个巨大人偶，这种人何足依靠？"回到凉州，对隗嚣说："公孙述是个井底蛙，不如专心侍奉东方（刘秀）。"

于是，隗嚣再派马援"往观"刘秀。

刘秀完全不摆架子，在洛阳宣德殿南边的走廊下接见马援，却只在头上包了帻巾（儒士装束），坐在席上，笑着说："阁下遨游二帝之间，今日相见，令人惭愧"，意思是"你先去看公孙述，然后才来我这里，显然有先后轻重之别，令我惭愧"。

刘秀有什么好惭愧的？其实那是以退为进的客套话。他有情报得知马援去过了成都，而且仪式隆重、场面盛大，公孙述肯封马援为侯，而他"给不起"。因为马援是隗嚣的部属，封马援为侯，隗嚣自然得封王，可是刘秀以汉室正统自居，谨记高祖刘邦教训，打死不封异姓为王，他之前不肯封张步为"齐王"，又岂肯封隗嚣为"凉王"？所以一方面刻意做出与公孙述截然相反的风格，口头上不能不为礼数上的"寒酸"惭愧一下。

马援是当世英雄人物，只是没有称王、称帝的机运而已。这一场会面，堪称当世两大高手过招。刘秀称帝，但努力放低姿态；马援是使者身份，叩首拜谢，但却说出了旷世名句："处在今日的国际局势之下，不只是君主选择臣子，臣子也选择君主啊！"

马援回到凉州，隗嚣问："东方（刘秀）怎么样？"马援说：

“开诚布公作风如汉高祖刘邦，博学能干则前世无人可比。”意思是刘秀比刘邦还优秀。隗嚣内心不服，却因此在公孙述与刘秀之间，选择倾向刘秀。恰好，公孙述发动大军进攻关中，被东汉征西大将军冯异痛击。这时，隗嚣派出军队协助冯异，算是“西瓜偎大边”。

刘秀亲自写信向隗嚣表示感谢，说：“将军位处关键所在，向南抵挡公孙述，向北镇压羌人与匈奴，而冯异全靠你的支持才能在三辅立足。若没有将军相助，恐怕长安早就被他人占领了……愿我俩友谊永固，如管鲍之交。今后我俩都以亲笔信件来往，免得他人挑拨离间。”

57. 窦融：东汉再收一地

隗嚣对马援评论“刘秀强过刘邦”心中不爽，就去问另一位重要幕友班彪：“从前，周朝灭亡以后，战国诸侯相争好几个世代，天下才定于一。你认为，合纵连横的故事，会不会历史重演？还是仍会由一家完成统一？”

隗嚣的问题，其实是在考班彪，问他对天下大势的看法，认为当前应该维持割据，发挥合纵连横功夫？还是应该争胜天下？

班彪说：“周朝的兴亡跟汉朝的兴亡完全不一样。周朝是封建

【原典再现】

嚣曰：“生言周、汉之势可也，至于但见愚人习识刘氏姓号之故，而谓汉复兴，疏矣！昔秦失其鹿，刘季[①]逐而以掎[②]之，时民复知汉乎？”

——《资治通鉴·汉纪三十三》

① 刘季：刘邦排行老三，年轻时，乡人都称他刘季。
② 掎：音“几”，摘取。

制度，诸侯各自为政，才会形成合纵连横。汉朝沿袭秦朝制度，任何一个封国都没有百年以上的统治基础，因而这十几年内的动荡，群雄并起，莫不假借刘姓名号，所以人心所向，仍然是汉朝刘氏。”

隗嚣仍不服气，说：“先生对周朝、汉朝的差异分析，我完全同意。可是对时下愚人迷信刘氏，认为汉朝必将复兴，我却不能苟同。当年秦失其鹿，刘季原本只是个瘪三，最终却由他统一天下，那时候的老百姓，难道也人心思汉吗？”

隗嚣一贯自我定位为汉臣，如今对刘邦不称“高帝”，而称“刘季”，看得出他对“人心思汉”大势的恼怒与无奈。

班彪仍然企图劝隗嚣不要一意孤行，就撰写一篇《王命论》，大要为：

> 世俗但见高祖从一介平民当上皇帝，不明白个中道理，乃至于将争天下比喻为逐鹿，脚快的侥幸先得。其实是天命所归，而非人力可以扭转。英雄豪杰应该领悟天命所归，不要逆势而为，则福泽乃能流传给子孙，自己也得保平安。

隗嚣无法接受班彪这套理论，班彪于是离开天水，前往河西，投奔窦融。

窦融又是何许人？窦融的祖先世代都在河西诸郡当官，成为河西大族巨室。他曾私下对兄弟说：“天下治乱难以预料，河西四郡殷实富足，既有黄河为屏障，又有一万余精锐骑兵，万一天下情势有变，足以自保，这是咱们家族可以安身立命的地方。”

玄汉政权进入长安，窦融运用关系，做了张掖属国（属地包括河西四郡）的都尉，掌握军队调度实权，与河西诸郡太守、西羌诸部深为结交。因此在玄汉政权灭亡后，得到地方各股势力拥护，推举为“行河西五郡大将军事”，辖武威、金城、张掖、酒泉、敦煌五郡。

隗嚣心中对“刘氏独尊”开始排斥，心中起了“大念”，首先要拉拢的就是窦融。他派张玄前往游说窦融，站在窦融的立场分析：“之前刘玄虽然已经建立了大业，但旋即灭亡，这是‘一姓不再兴’（刘氏不能复兴）的证明。以目前的形势，若太早认定主子，难免受到他的拘束制约，失去自己的权柄，甚至将来随着他灭亡，后悔莫及。而今天下英雄豪杰正逐鹿竞争，雌雄未决，我们的正确战略，是巩固自己的根据地，跟陇（隗嚣）、蜀（公孙述）合纵。运气好的话，天下再度分裂，我们可以成为六国之一；运气不好的话，至少也可以割据一方，当一个南越王赵佗。”

这是一个大战略，窦融召集幕僚商量。有人主张认定刘秀，但也有人反对，莫衷一是。窦融内心是倾向东汉的，于是派出使节张钧，带着奏章（交心表态）前往洛阳。

就那么巧，刘秀也派出使节前往河西，路上相遇，乃一同前往洛阳。刘秀盛大招待张钧，再命张钧回去复命，并带去一封玺书，说：“当前大势，益州有公孙述、天水有隗嚣，如果东西发生战争，阁下就有举足轻重的分量，帮哪一边都有无可计算的强大影响。将军想要建立齐桓公、晋文公的霸业（尊王攘夷，意指支持刘秀），亦或鼎足之分、合纵连横，也应早日有所决定。天下尚未统一，你我远隔绝域，并非相吞之国。料想必定有人向阁下提出当年赵佗在南越独立的计谋，但是君王只能分割土地，不能分割人民，请阁下仔细评估，决定动向。”

这份玺书到达河西，窦融的幕僚重臣个个大吃一惊，认为刘秀真是英明，居然料中了千里之外发生的状况（张玄以赵佗之例游说窦融），于是鼓励窦融接受东汉册封为凉州牧，一心归附东汉。

58．神龙失势，与蚯蚓同：无诚意的隗嚣

隗嚣自视甚高，常自比“西伯”，也就是周文王。易言之，他雄踞西戎，每天做着“天下归心”的梦，却始终犹豫不决。

他的一位高级幕僚郑兴向他分析：“从前周文王已有天下三分之二的诸侯归心，仍向殷王朝表示顺服；周武王在孟津会合八百诸侯，退兵等待时机；高帝入了关中，仍以沛公行事（不称王）。如今大人虽恩德已着，但并非有周王室的累世经营基础，也没有高帝的赫赫战功，却想要去做办不到的事情（称帝），那样只会加速灾祸降临，万万不可！”

隗嚣内有这些反面意见，外有窦融牵制，于是暂搁称帝大梦，但是对这些逆耳忠言非常不爽。等到刘秀平定齐地，隗嚣心情受到冲击，就把长子隗恂送去洛阳当人质。刘秀任命隗恂为胡骑校尉，封镌羌侯。

趁陇右与洛阳之间气氛良好，郑兴把握机会，请求返回故乡，安葬父母。隗嚣起初不准，经不住请求，终于批准。而马援也趁机携家带眷，连同家中宾客，一起去了洛阳。

另一位重要幕僚申屠刚劝谏：“汉（刘秀）已经得到天下人心归附，皇帝诏书不断颁下，一再表示愿与将军有福同享、有祸同担。将军你害怕什么？又贪图什么？一直迟疑不决！一旦发生突

变，对上不忠不孝，对下惭愧一生。我忠言已尽，恳请三思我这个老人的愚昧意见。”

但隗嚣仍然不听。于是，投奔隗嚣的关中流亡知识分子，逐渐离去。

这下子，隗嚣身边渐渐只剩下主张独立称帝的人，其中以王元的意见为典型：

“之前，更始定都长安，四方响应，天下咸称自此太平。却想不到玄汉政府刹那崩溃，将军几乎没有立足之地。如今南方有公孙述，北方有刘文伯（另一位“汉帝”，本名卢芳，假称姓刘），天下称王称公者还有十数人。如果听那些书呆子的言论，放弃自己能够掌握的千乘（指列国）基础，去投靠一个风险仍高的王朝，以为可以获得保全，这不是重蹈上次的覆辙吗?

“如今天水富饶，士强马壮，用一颗泥丸封住函谷关，这是建

【原典再现】

（王元）说嚣曰：“昔更始西都，四方响应，天下喁喁[①]，谓之太平；一旦败坏[②]，将军几无所措。……而欲牵儒生之说，弃千乘之基，羁旅危国以求万全，此循覆车之轨者也。……图王不成，其敝犹足以霸。要之，鱼不可脱于渊，神龙失势，与蚯蚓同。”

——《资治通鉴·汉纪三十三》

---

① 喁：音“yóng”。喁喁：众口一词。
② 败坏：烧陶先做泥坯。更始称帝后败亡，犹如陶未烧，坯已坏。

立万世基业的大好时机。即令不发动大军东征，且暂时蓄养士马，据险自守，等待天下有变。这样，当不王，也可以称霸。重点在于，鱼不可以脱离深渊，神龙若失去凭借，跟一条蚯蚓没两样！”

隗嚣拿不起、放不下，刘秀却不容许他继续以拖待变，诏令他率军南下攻击公孙述。隗嚣上书说：“蜀道难，且大部分已经坏朽，进军困难。听说公孙述作风严酷，成家帝国上下猜忌，不如等他恶贯满盈再发动攻击，将可势如破竹。”

刘秀确认了隗嚣的立场，决定以武力解决。派出耿弇、盖延、寇恂、祭遵、吴汉等，一共七路大军，同时派来歙前往天水，提出最后通牒。这个节骨眼上，最难自处的就是马援。他不能不表态，于是上书刘秀，请求前往关中，向刘秀陈述消灭隗嚣的方略。

刘秀召见马援，听取他的作战计划后，拨给他五千突骑，往来游说隗家军的将领高峻、任禹等，以及诸羌部落首领，向他们分析祸福利害。东汉将领每次遭遇问题，都向马援请教，由于马援熟悉陇右内情，问题都得解决，因此诸将对马援都非常敬重。

另一方面，河西的窦融写信劝隗嚣千万不可让“百年基业，毁于一旦”。隗嚣当然不会理他，于是窦融象征性地出兵，沿着黄河展示了一下武力，主力并未出动。而刘秀认为这样就够了，下令修饬窦融父亲的坟墓，以太牢祭祀，不断派出使节赏赐窦融——这是一种心战行动，持续对陇右制造压力。

隗嚣见战事不利，使出缓兵之计，写信给刘秀说：“如今我的生命掌握在朝廷手中，要我死就死，加我刑我就服刑。若蒙宽恕，让我有机会洗心革面，我死了也感谢！”

刘秀看穿隗嚣完全没诚意，回信说：“阁下如果现在束手就擒，并且再送一个人质来洛阳（之前已经有一子隗恂为人质），则可保阁下官爵俸禄。我年将四十，在兵马中度过十个年头，厌恶虚辞浮语。如果阁下不同意，就不必回信了。”刘秀的意思很明白：要就投降，否则不必浪费时间，也不容隗嚣以此拖延。

隗嚣发觉缓兵之计无效，乃派出使节，向公孙述称臣。公孙述封隗嚣为朔宁王，派出军队支持。

59. 得陇望蜀：隗嚣的灭亡

隗嚣成为成家帝国的朔宁王，令曾经多次出使陇右，斡旋双方关系的来歙面子上挂不住，因此请命率领奇兵突袭。光武帝刘秀拨给他二千余人。这支奇兵翻山越岭、披荆斩棘，穿越山区直袭略阳，斩杀守将金梁。隗嚣大为震惊："怎么可能如此神速？"

东汉将领吴汉等人听说来歙夺了首功，争着要率军西进。刘秀认为，隗嚣突然失去险阻，最重要的战略城池略阳陷落，势必动员最精锐的部队反击。等到朔宁军师老无功，官兵疲惫，那时候才是发动总攻击的时机。因此，下令吴汉等人回军。

果然，隗嚣亲率大军数万人，包围略阳，公孙述派来的援军也加入战斗。联军从山上挖掘石头，建筑堤坝，企图拦住河水淹没略阳。来歙率二千余人誓死固守，箭射尽了，就拆除民房，搜刮木材竹片，制作武器。结果，隗嚣全力进攻一个多月，仍攻不下略阳。

刘秀估计隗嚣已经师老兵疲，乃亲率大军出击。多数将领劝谏"帝王不该进入远险山区"，刘秀有点犹豫，于是找来马援征询意见。马援指出："隗嚣军队正有土崩瓦解的趋势，此时大军压至，必可击破勍敌。"马援当场用米粒堆出山谷河川地势（原始的沙盘推演），战区地势尽在眼底，分析进军路线十分清晰。刘秀说："好了，隗嚣已在我掌握之中。"

河西的窦融也率军前来会合，联军沿着陇山前进。刘秀在过去一段时间的拉拢工作开始出现效果，朔宁大将十三人、属县十六个、部队十余万，陆续倒戈。

连番不断的探报传来，隗嚣在震骇中抛下军队，只带着妻子、儿女和少数卫士，投奔屯驻西城（天水西南）的大将杨广。

刘秀继续进军，并下诏给隗嚣（已经不再用私人书信对等看待）："你若放下武器，前来归附，父子还可相见，我保证你没事。但若一定要当英布，你自己负责。"隗嚣到了这个地步，当然不可能投降，于是刘秀下令诛杀人质隗恂。

但是就在胜利即将到手之际，后方却发生巨变：颍川盗贼聚众造反，河东军队叛变，两地距洛阳各只有大约一百一十公里，首都洛阳受到严重威胁。

刘秀即刻东返，日夜兼程。来不及当面交代，只能以书信训示诸将："如果攻下两城（隗嚣只剩下上邽与西城，攻下两城，意味着陇右平定），就乘势南向进攻公孙述。人，总是不能以现状为满

【原典再现】

帝自上邽①晨夜②东驰，赐岑彭等书曰："两城若下，便可将兵南击蜀虏。人苦不知足，既平陇，复望蜀。每一发兵，头须③为白！"

——《资治通鉴·汉纪三十四》

① 上邽：位在天水东南。
② 晨夜：不分昼夜。
③ 须：同"须"。头须：头发与胡须。

足，既然平定陇地，当然要望向蜀地。每次决定要出兵，发须都为之发白！”

刘秀赶回洛阳，以寇恂为先锋，御驾亲征颍川，变民全部投降。可是东边变民才平定，西边战事又陷入胶着。吴汉与岑彭等人遭遇挫败，退回关中，安定、北地、天水、陇右再回归隗嚣。

然而，变化来得极快，隗嚣因之前的挫败而病倒，懊悔与愤怒交织，终至一病不起。大将王元、周宗拥立隗嚣的小儿子隗纯，据守冀县继续抵抗，但终究难挽颓势，被来歙等人攻破冀县。将领们“献出”隗纯，陇右平定，只有王元逃奔公孙述。

60. 公孙述：只学到了王莽的皮毛

隗嚣兵败逃离天水时，成家军队也撤退回蜀地。公孙述知道马上会遭到东汉攻击，决定先发制人，派出大军数万人，向东攻击夷陵（今河北宜昌），进据荆门山、虎牙山（都在湖北）。沿长江布防，陆路兴筑碉堡、城楼，水路则以大木巨石阻断船舶航道。而东汉的征蜀远征军则兵分二路：来歙与盖延由甘肃南下，岑彭与吴汉循长江西上。

公孙述的来历必须有个交代。他原本是新朝政府任命的导江郡（郡治临邛，今成都）长，一向以才干闻名于世。当天下大乱时，公孙述治理下仍能维持一片净土。

大约与隗氏聚众起义同时，汉中地区起义军领袖宗成、王岑，打着玄汉旗号，集结数万人，击斩益州牧宋遵——乱事已经到了公孙述的辖区，于是他做出决定，迎接宗成、王岑共商大计。

可是，宗、王率领的变民军到了成都，与玄汉诸将一般，横暴掳掠。公孙述对郡中豪杰壮士说：“天下人不堪新朝政府暴政，怀念汉朝政府的日子，所以一听说汉将军来到，奔走相迎于途。而今又如何？妻子儿女受到凌辱。人民是无辜的，这些家伙根本不配称为义军，根本是强盗！”

于是，派人假冒玄汉帝国的钦差大臣，带着印信，任命公孙述为辅汉将军，兼蜀郡太守，又兼益州牧。公孙述在得到“正式任命”之后，起兵击斩宗成、王岑，兼并他们的军队。从此，公孙述割据蜀地，与中原的逐鹿战局不发生关系；赤眉灭了玄汉，公孙述顺势称帝。

公孙述虽然没有统一天下的本事，可是既然称帝了，就百般想出点子，来“证明”他的确有皇帝命。

首先，他在手掌上刻文“公孙帝”。可是，人的掌纹是无法改变的。可以用刀割、用火烙，但只能留下伤痕；或许毁掉了原本的纹路，却不能创造新的纹路。因此，历史上并无记载公孙述向他人出示掌纹上的“天命”，显然这一招未能收效。

之后，他对外宣称自己就是“当涂高”。这是有来历的，西汉时期流行各种符命、图谶，其中一个《春秋谶》上有一句“代汉者，当涂高也”，于是人们言之凿凿，将来取代汉朝的真命天子，

【原典再现】

帝与述书曰：“图谶言公孙，即宣帝也；代汉者姓当涂，其名高，君岂高之身邪？乃复以掌文[①]为瑞，王莽何足效乎！君非吾贼臣乱子，仓卒时人皆欲为君事耳。君日月已逝，妻子弱小，当早为定计。天下神器[②]，不可力争，宜留三思！”署曰“公孙皇帝”，述不答。

——《资治通鉴·汉纪三十四》

① 文：同“纹”。
② 神器：大禹做九鼎，成为政权正统象征。之后，“鼎”“神器”都是政权的代词。

就是“当涂高”。

公孙述甚至写信给刘秀，自陈他上应符命。

刘秀回信，说：“图谶上面说，‘公孙’要当皇帝，那个‘公孙’已经验在汉宣帝；而取代汉朝的人，姓当涂，名高，阁下难道是当涂高的化身？阁下还将你的诡异掌纹作祥瑞，这些都是王莽搞过的把戏，又怎能仿效呢？阁下并不是我的乱臣贼子，只不过处在乱世，人人都想称王而已。阁下年岁已大，妻儿却还小，应该早点儿为他们打算啊！天子之位是上天应许，不可以强求的，请阁下三思而行。”信封上的称谓是“公孙皇帝”，公孙述则没有回复。

正如马援所说，公孙述是个志大才疏的角色，学到了王莽的皮毛，就想称帝。如今汉军攻来，可不是图谶、掌纹可以抵挡得了的。

61. 刺杀来歙、岑彭：公孙述的阴谋

来歙与盖延自北向南（也就是最难走的“蜀道”）进攻，大破蜀军。公孙述恐慌，派出刺客，潜入汉营，暗杀来歙，刀中要害，但未立即死亡。

【原典再现】

蜀人大惧，遣刺客刺歙，未殊[①]，驰召盖延。延见歙，因伏悲哀，不能仰视。

歙叱延曰：“虎牙何敢然！今使者中刺客，无以报国，故呼巨卿[②]，欲相属[③]以军事，而反效儿女子涕泣乎！刃虽在身，不能勒兵斩公邪！”

延收泪强起，受所诫。歙自书表曰……投笔抽刃而绝。

——《资治通鉴·汉纪三十四》

① 殊：绝。未殊：未能致死。
② 巨卿：盖延字巨卿。
③ 属：通“嘱”。

来歙命人紧急召唤盖延，而盖延看见凶刀仍在来歙身上，为之惨然，伏地悲痛，不能抬头。

来歙骂他："你身为虎牙大将军，怎么这般孬种？我被刺客击中，无法继续报国，所以急忙召唤你来，要交代军国大事，你却像个小儿女一样哭个没完！凶刀虽然还插在身上，难道我不能下令斩你吗？"

盖延强忍泪水，起身听命。来歙交代完毕，再亲自写奏章，说："我入睡之后，被贼人行刺，伤中要害。我死不足惜，只恨任务不能完成。"

写完，丢下毛笔，抽出身上凶刀，当即气绝。

来歙死了，刘秀只得亲赴西线，坐镇长安，指挥北线军事。

南线方面，岑彭一路过关斩将，乘胜推进。昼夜不停，急行军二千余里，攻下武阳（今四川彭山，距成都六十公里），再派出精锐骑兵，袭击成都东南的广都，势如狂风暴雨，当者披靡。公孙述原本听说汉军在平曲，派延岑率大军正面迎敌，及至听说岑彭竟然绕过延岑大军，直扑成都，以手杖击地，说："怎么可能如此神速！"

【原典再现】

帝与公孙述书，陈言祸福，示以丹青之信。述省书[1]太息，以示所亲。太常常少、光禄勋张隆皆劝述降。述曰："废兴，命也，岂有降天子哉！"左右莫敢复言。

——《资治通鉴·汉纪三十四》

① 省：读音"醒"，检视。书：信。

刘秀写信给公孙述，分析祸福，再提出保证其安全。公孙述对着来信叹息，并拿给左右亲信传阅。亲信劝他投降，公孙述说："要兴要废，都是天命，岂有投降的天子！"左右闻言，乃不敢再劝说。

公孙述故技重施，再派出刺客，假装是逃亡的奴仆，向岑彭投降。夜里，伺机刺杀岑彭。随后跟进的吴汉赶到，接收军队，继续进攻。

62. 成都大屠杀：以屠杀收场的统一大业

吴汉一路挺进，势如破竹，攻陷广都，轻骑兵更火烧成都“市桥”。蜀军弥漫恐慌气氛，日夜都有人叛逃。公孙述使出恐怖手段，屠杀叛逃将领全家，仍无法阻止大批将领叛逃。

刘秀一心要公孙述投降，再次下诏公孙述：“不要把来歙、岑彭两人被刺的事情挂在心上。如今投降则宗族得以保全，我可不会常常写信给你。”可是他越是如此强调，公孙述越是担心，一旦投降会遭报复。

刘秀告诫吴汉：“成都还有十余万军队，不可轻敌，你只要坚守广都即可，不要与敌人决战。步步为营，向他施加压力，等待他力竭，乃可以出击。”

可是吴汉不听命令，亲自率领二万步骑混合兵团，进逼成都，在距城十余里处，渡过锦江，在北岸扎营，搭建浮桥，命副帅武威将军刘尚率一万余人在南岸驻扎。两军相距二十余里，相望却不相及，因为隔着一条河。

刘秀得到报告，大惊，急忙下诏责备吴汉：“我才千言万语嘱咐你，为什么事到临头却头脑不清楚？既深入敌境，又与刘尚分开，一旦有事，你俩要如何照应？敌人若出兵牵制你，然后以主力攻击刘尚，刘尚一破，你也败了。趁还没发生，赶快退回广都。”

诏书还没到，公孙述已经行动，派一万余人牵制刘尚，主力大军十余万人，分作二十余营，向吴汉展开总攻击。吴汉酣战一日，兵败，退回营垒，被团团包围。

吴汉召集将领，激励士气，要他们奋力突围，到南岸与刘尚联合，诸将一体应诺。于是犒赏士兵、喂饱战马，紧闭营门，三天不出战，壁垒上添加旗帜，壁内维持炊烟不绝。夜里，人马衔枚向南撤退。蜀军第二天才发觉，兵分二路，渡过锦江追击。吴汉将所有兵力投入战斗，从早上杀到傍晚，大破蜀军，斩杀对方主将，然后撤回广都。

吴汉上书认罪，自此遵守刘秀训令，与蜀军在成都与广都之间来往缠斗，汉军八战八胜，进入成都外城。这时，北路军队也攻陷绵竹，进入成都平原，与吴汉会师。

公孙述无计可施，问延岑："我们应怎么办？"延岑教他开放府库，用金银布匹募集敢死队五千余人。延岑带领这支敢死队，突袭吴汉后方，吴汉大败，逃亡时坠马落水，死抓住马尾不松手，才脱出险境。

这时东汉远征军已经只剩下七天粮秣，吴汉私下吩咐准备船舰，打算撤退。南阳人张堪求见吴汉，提出"公孙述必定败亡，如今撤退，则失去机会"的观点。

于是吴汉故意示弱，引诱敌人来攻。果然，公孙述亲率数万人大军，攻击吴汉。起初蜀军三战三胜，中午以后，吴汉下令预备队反攻，蜀军大败，公孙述被长矛洞穿胸脯，坠落马下，抢救入城，当晚逝世。

第二天，延岑献城投降。吴汉两番兵败，自己差点阵亡，因怀恨而下令屠杀公孙述与延岑家族，长幼不留，更纵兵掳掠成都，焚毁宫殿。刘秀闻报大怒，下诏痛责吴汉与刘尚："成都投降已经三天，官吏人民全都顺服，并未抵抗。城中单单婴儿与母亲，就有一万余人，你们居然放纵军队烧杀掳掠，听到的人都为之鼻酸。你们怎么忍心做出这种惨事？仰头看天，低头视地，想想秦西巴释放幼鹿，乐羊啜食儿子的肉羹，体会一下，他们哪一个比较仁慈？你们真是失去吊民伐罪的本意啊！”

虽然以屠城为收场，无论如何，刘秀的统一大业算是完成了。但是战争发动容易，收场却很难。刘秀不希望自己被逼到走上刘邦诛杀功臣的老路，于是对功臣扩大封赏，采邑高于前朝，但是却不让他们任官，更不再执掌兵权。

邓禹和贾复看出光武帝的用心：保护功臣的爵位与采邑，避免因犯错而下狱、撤藩。两人主动交出军权，耿弇也缴回大将军印信，大家回到家乡当太平侯爵。刘秀于是正式下诏：所有侯爵都不兼

【原典再现】

帝闻之怒，以谴汉，又让刘尚曰：“城降三日，吏民从服，孩儿、老母，口以万数，一旦放兵纵火，闻之可为酸鼻……仰视天，俯视地，观交麑[①]、啜羹[②]，二者孰仁？良失斩将吊民之义也！”

——《资治通鉴·汉纪三十五》

---

① 交麑：春秋时，鲁国孟孙氏打猎得到一只幼鹿，派秦西巴带回去烹食。母鹿跟在后头出声叫唤，秦西巴不忍心，放开小鹿还给了母鹿。后世以“交麑”为仁慈的代表。

② 啜羹：战国时，魏国名将乐羊率军攻打中山国，当时乐羊的儿子正在中山国，中山君将乐羊的儿子烹了，还将肉羹送给乐羊，乐羊毫不犹豫地喝下肚去。后世以“啜羹”为不仁慈的代表。

任政府官职，但以“特进”（地位仅次三公）身份，参加朝廷会报。

因此，东汉的开国功臣，没有一人受到诛杀或贬谪，世袭爵位有传至十数代者。这在后来历朝历代皆少见，可堪媲美的只有一个宋太祖赵匡胤（唐太宗李世民因为是继承父亲，只能算半个）。

后记

光武帝对功臣仁厚，唯一可以说是被刘秀刻意“修理”的，只有马援。

当年马援担任隗嚣的使者，往观东、西二帝，他看出未来是刘秀的天下，所以后来投奔刘秀，并在征伐隗嚣时献策兼出力。刘秀平定天下之后，封马援为伏波将军，平定交趾（今越南河内）。

马援班师回洛阳，刘秀派孟冀去慰劳他。

马援说：“如今还有乌桓、匈奴等外患，我还想主动请缨前往讨伐。男子汉要就死在战场，用马皮裹着尸首下葬，总不能躺在榻上，死在哭泣的女人和孩子群中吧！”

孟冀说：“是啊！做个爷们儿理当如此。”

事实上，马援这是讲给皇帝使节听的表态之言。因为马援的女儿嫁给了皇子刘阳，当初是贵人阴丽华的儿子。后来阴丽华立为皇后，而刘阳成了太子，马援如果表现得飞扬跋扈，难保不引起刘秀的疑虑，担心将来外戚弄权，尤其是如此一位功高震主的外戚。为了女儿将来顺利当皇后，甚至为了将来外孙当皇帝，马援刻意地交心表态。

自交趾班师回到洛阳三个月，马援就自请北击匈奴。刘秀批准了，但是这次出征无功而返。半年后，武陵（今湖南常德）蛮造反，东汉远征军失利。马援再次请求出征，刘秀这次却考虑他年纪太大，不同意。

马援对皇帝说："我还可以披甲上马！"

刘秀让他试试看。马援在马上据鞍四顾，展现他仍能担当重任。刘秀笑着说："好一个精神抖擞的老汉！"于是派马援率领军队四万余人征伐五溪（武陵郡内有五条溪，所以武陵蛮又称五溪蛮）。

【原典再现】

马援自交趾还，平陵孟冀迎劳之。

援曰："方今匈奴、乌桓尚扰北边，欲自请击之，男儿要当死于边野，以马革裹尸还葬耳，何能卧床上在儿女手中邪！"

冀曰："谅①！为烈士当如是矣！"

……

马援请行，帝愍②其老，未许，援曰："臣尚能被甲上马。"

帝令试之。援据鞍顾眄③，以示可用。帝笑曰："矍铄④哉是翁！"遂遣援率中郎将马武、耿舒等将四万余人征五溪。

——《资治通鉴·汉纪三十五》

---

①谅：犹言"是啊"。
②愍：体恤。
③眄：音"勉"，斜着眼看。顾眄：回头斜眼看人，有得意的味道。
④矍：音"绝"。矍铄：形容老而身手矫健。

马援平时对晚辈总是板起面孔教训，有一次出征前，对两个晚辈梁松、窦固说：“一个人虽然富贵了，却可能因为各种理由，又变得贫贱。如果你们不想要变回贫贱，就该在居高位时洁身自好。我的话，你们好好想一想！”梁松是光武帝刘秀的女婿，也就是驸马爷，却因此成了马援的命中白虎星。

后来，发生一件“杜保案”，同时指控梁松与窦固跟杜保勾结为恶，控告者更引述马援告诫侄子的家书（其中有“画虎不成反类狗”名句）。

刘秀责备梁松与窦固，并出示马援的家书给两人看。他俩吓得面无人色，叩头流血。从此，梁松把马援恨之入骨。

马援出征武陵蛮，战事不顺。副帅耿舒（耿弇的弟弟）上书指马援战术错误。刘秀派梁松担任监军，乘驿车（象征代表朝廷）去前线，责问马援。就在这个时候，马援因感染瘟疫，加上操劳过度，病死战场。于是梁松罗织罪状，构陷已无法辩白的马援，刘秀为此下令收回马援的侯爵印信。

史家都不解，为何刘秀独薄马援。其实，刘秀是充分汲取了西汉的历史教训，而采取了他认为的必要措施。

当然马援有点冤枉，因为他的家教甚严，他的女儿，汉明帝的马皇后、汉章帝的马太后，不但自身节俭，更努力压抑外戚家族，是东汉“明章之治”的最大内助。

然而，刘秀的“帝国永续公式”却不能保证帝国永续。东汉近二百年国祚，除了明帝、章帝，几乎不曾摆脱外戚干政。讽刺的是，东汉史中最跋扈的两个外戚家族，刚好是梁松与窦固的家族；且更因小皇帝无法忍受外戚的跋扈，借助宦官之力铲除外戚，而造成宦官干政。

刘秀对中国历史最大的影响（我个人认为是负面影响），是证明了“人心思汉”成立——假设是赤眉、隗嚣或公孙述之一统一天下，“人心思汉”就不成立了。后来也不会出现一些延续烂政权的偏安、流亡政府（如东晋、南宋、南明），因而拖长了人民的痛苦岁月。

这是作者对《黎民恨》的结论。